उसने मेरी ओर देखा तो उसका दिल रो पड़ा, क्योंकि मुझे हांडी से भूतनी बना दिया गया था और जब मेरे मनके की मुट्ठियां भिच गईं तो मुझे लगा कि अब वो दिन दूर नहीं जब मेरा मनका मुझे भूतनी की घिनावनी ज़िंदगी से निजात दिलाकर फिर हांडी बना लेगा....... और तब मेरे जिस्म से दाल की खुशबू आएगी...... मेरे अंदर से चावलों की महक निकलेगी।

- 'लाल मिर्च' कहानी से

अमृता प्रीतम

लाल मिर्च

(अमृता प्रीतम की 17 कहानियाँ)

संकलनकर्त्ता
नवराज क्वात्रा

स्टार पब्लिकेशंस प्रा. लि.
नई दिल्ली

संस्करण : 2020

मूल्य : रु. 175/-

प्रकाशक
स्टार पब्लिकेशंस प्रा. लि.
4/5बी, आसफ अली रोड
नई दिल्ली-110002

लेज़र कम्पोजिंग
आर. एस. प्रिंट्स, नई दिल्ली

मुद्रक
आदर्श प्रिंटर्स, दिल्ली-95

Amrita Pritam
Laal Mirch
Stories, SPPL, 2020
Price : Rs. 175/-

अनुक्रम

● ● ●

लाल मिर्च

'डॉक्टरों के इंजैक्शन को छोड़ो यार, जिस घर के कुत्ते ने काटा है, उस घर की लाल मिर्चें अपने जख्म पर लगा लो' एक दोस्त ने कहा।

'जिस घर के कुत्ते ने काटा है, अगर उस घर की कोई खूबसूरत लड़की तुम्हारे जख्म पर पट्टी बांध दे......लड़कियां भी तो लाल मिर्च होती हैं' दूसरे दोस्त ने कहा। कॉलेज के सब लड़के हंस पड़े।

और वो जिसे कुत्ते ने काटा था हंस कर कहने लगा "यार नुस्खा तो अच्छा है, इसे तुमने आजमाया तो है ना?"

गोपाल ने उम्र की अठारहवीं सीढ़ी पर पांव रखा हुआ था, गोपाल को महसूस हुआ कि उस सीढ़ी पर जवानी के एहसास का एक कुत्ता दुबककर बैठा हुआ था और आज उसने अचानक पागलों की तरह उठ कर उसकी टांग में से मांस नोच लिंया था और गोपाल का मन अपने जख्म पर लगाने के लिए एक लाल मिर्च जैसी लड़की तलाश करने में लग गया था। लड़कियां तो गोपाल के कॉलेज में भी थीं, पड़ोस के घरों में भी, इस शहर की गलियों में भी और दूसरे शहरों में भी, "मगर जिस लड़की को मैं तलाश कर रहा हूँ, वो कौन है" गोपाल अक्सर सोचता।

और फिर गोपाल लड़कियों को ऐसे देखता, जैसे थाली में दाल को चुना जाता है। छोटे कद की मोटी, चपटी नाक वाली, लम्बी, गोलमटोल और जब ऐसी लड़कियों को वो दाल में से कंकरों की तरह चुन लेता, तो उसे तमाम पुरानी तशवीहें याद आ जातीं। लचकती हुई टहनी जैसी लड़की, चंदन जैसी लड़की, देवदार के पेड़ जैसी लड़की, चांद की फांक जैसी लड़की......और फिर गोपाल सोचता "कोई भी नहीं, इनमें से कोई भी नहीं, मुझे तो सिर्फ लाल मिर्च जैसी लड़की चाहिए।"

वैसे तो कॉलेज के तमाम लड़कों में किताबों और कोर्स के बजाए

लड़कियों की बातें ज्यादा होती थीं, मगर गोपाल की हर बात को जैसे "लड़की" लफ़्ज़ के दरवाज़े में से गुजरना पड़ता था। कभी रेडियो पर नूरजहां की आवाज़ आती "तेरे मुखड़े ते काला काला तिल वे, ओ मुंडिया सियालकोटिया" तो गोपाल अपने लाल होंठों पर एक मोटे काले तिल को उंगली से टटोलने लगता और फिर जैसे नूरजहां से मुखातिब होकर कहता "जालिम हर बार कहती है सियालकोट के लड़के, सियालकोट के लड़के, कभी इसकी जगह लायलपुर के तो कहा कर" नूरजहां ने तो गोपाल की बात कभी नहीं सुनी, मगर कॉलेज के लड़कों ने जरूर गाना शुरू कर दिया "ओ मुंडिया, लायलपुरिया।"

भुने हुए चने बेचने वाला कहता "बम्बई का बाबू मेरा चना ले गया," तो गोपाल हंसता, चना ले गया तो ऐसे कहता है, जैसे उसकी लड़की भगा कर ले गया।

ऐनकों वाली लड़कियां गोपाल को लड़कियां नहीं लगती थीं। जब भी आंखों को देखना हो तो पहले शीशे की दीवार पार करनी पड़ती है। गोपाल कहता और उन लड़कियों को लड़कियों की फेहरिस्त में से ही निकाल देता।

किसी लड़की ने ऊंची साड़ी बांधी हुई होती, पांव में मोज़े पहने हुए होते, हाथ में छतरी पकड़ी हुई होती, तो गोपाल हंस कर मुंह फेर लेता, ये लड़की थोड़ी है ये तो मास्टरनी है मास्टरनी, जो विद्यार्थी हिसाब में कमज़ोर हो, वो मास्टरनी से शादी कर ले।

कोई लड़की गहरे रंग के कपड़े पहने होती या कलाइयों में चूड़ियां बहुत ज्यादा होतीं तो गोपाल कहता "ये तो रंगों का इश्तेहार है, लड़की दिखाई देती ही नहीं, बस पूरी की पूरी चूड़ियों की दुकान है।"

किसी की बारात जा रही होती तो उसे देखकर गोपाल उदास हो जाता....."चच, चच, बेचारे का दिवालिया निकल गया।" गोपाल कहता "जब आदमी आशिक बनने से पहले, शौहर बन जाता है, तो समझो बेचारे के पास सब्र की पूंजी बिल्कुल खत्म हो गई और उसने घबरा कर दिवालिया होने की दरखास्त दे दी है।"

"शायद वो अपनी महबूबा से ही शादी करने जा रहा हो?" गोपाल का कोई दोस्त कहता।

"नहीं यार जुल्फ को सर करने में उम्र लगती है। ग़ालिब की डोम

लड़की और लोरका की खानाबदोश लड़की, उनके दरवाजे पर कभी बारात नहीं आती।"

और गोपाल सालहाजाल उस जुल्फ की बातें करता रहा, जिसको सर करने में उसे उम्र गुजारनी थी और गोपाल तशबीहों में खो गया, काली रात जैसे बाल मगर उसे काली रात ने नींद नहीं दी। घने जंगल जैसे बाल, मगर वो किसी जंगल में खो न सका। समुद्र की लहरों जैसे बाल मगर वो किसी लहर में गोता न लगा सका। गोपाल को उम्र के जो साल जुल्फ को सर करने में लगाने थे, वो जुल्फ को तलाश करने में ही खोते रहे........और फिर गोपाल अपने सालों के खो जाने से घबरा गया। "तुम भी हमारी तरह दिवालियापन की दरख्वास्त दे दो यार।" कॉलेज के पुराने दोस्तों में से जब कोई मिलता तो गोपाल से मजाक करता।

उम्र के अठारहवें साल में जवानी के पागल कुत्ते ने गोपाल की टांग को काटा था और जख्म पर लगाने के लिए गोपाल एक लाल मिर्च जैसी लड़की तलाश कर रहा था, मगर अब उम्र के तीसवें साल में जख्म का जहर उसके तमाम जिस्म में फैलना शुरू हो गया था। अब गोपाल सोचने लगा था। वो न ग़ालिब है, न लोरका, वो सिर्फ गोपाल है, या एक ईश्वरदास, या एक शेरसिंह या एक अल्लारखा और उसने सर झुकाकर दिवालिया होने की दरख्वास्त दे दी।

"क्यों यार, आज डोम लड़की के घर बारात जाएगी या खानाबदोश लड़की के घर?"

"सुनाओ भाभी कैसी हो?"

"और कुछ नहीं तो हम तुम्हारी लाल मिर्च के देवर तो बन ही जाएंगे।"

"बेशक सोने की अंगूठी की बजाए हीरे की अंगूठी ही क्यों न देनी पड़े, भाभी का घूंघट जरूर उठाएंगे।"

गोपाल अपने दोस्तों के मजाक को अपने हाथ पर शादी के लाल डोरे की तरह बांधे जा रहा था और हंसते हुए कह रहा था "मास्टरनी है मास्टरनी, ऐनक भी लगाती है तुम्हारी भाभी।"

मां ने जब रिश्ता तय किया था, तो गोपाल से कहा था कि अगर वो चाहे तो किसी बहाने वो लड़की को दिखा देगी। मगर गोपाल ने खुद ही इंकार कर दिया था।

"जब दिवालिया ही होने की अरजी देनी है तो......" डोली दरवाजे पर आ गई।

"खूबसूरत है बहू। घर का श्रृंगार है।" उसे मुंह दिखाई के रुपये देते वक्त गोपाल की ताई कह रही थीं और गोपाल सोच रहा था-जब लोग दरवाज़े के सामने भैंस लाकर बांधते हैं, तब भी यही बात कहते हैं, "भैंस तो घर का श्रृंगार होती है।" और जब लोग डोली लेकर आते हैं, तब भी यही बात कहते हैं, "बहू तो घर का श्रृंगार होती है। फिर भैंस और बहू में जो फर्क हुआ, वो कहां गया?" और फिर गोपाल खुद ही हंस देता "ये वही फर्क है जो एक आशिक और एक दूल्हा में होता है।"

गोपाल की बीवी न बहुत खूबसूरत थी, न बहुत बदसूरत। आम तौर से जैसी लड़कियां हुआ करती हैं दिखने में ठीक ठाक, बस वैसी ही थी। गोपाल का उसको लेकर न कोई अरमान था न ही उससे कोई शिकायत थी। वो तरह-तरह के रंग-बिरंगे कपड़े पहनती मगर गोपाल उसे कभी "रंगों का इश्तेहार" नहीं कहता था। वो सुहाग की चूड़ियां और दहेज के कड़े सब एक साथ पहन लेती लेकिन गोपाल कभी उसे "जेवरात की दुकान" का ताना न देता।

आजकल गोपाल को जवानी के शुरू के दिनों में पढ़ा हुआ अंग्रेजी नॉवेल याद आया करता था, जिसमें अपने ख्वाबों की लड़की तलाश करने के लिए लेखक उम्र लगा देता है मगर उसे तलाश नहीं कर पाता और फिर मरते वक्त अपने बेटे को अपने तमाम तसव्वुर, अपनी तमाम लगन देकर वसीहत कर जाता है कि वो इस किस्म की आंखों वाली, इस किस्म के नाक नक्शे वाली, इस किस्म के बालों वाली लड़की को जरूर तलाश करे और तमाम उम्र तलाश करने के बाद उसका बेटा मरते वक्त यही बात अपने बेटे से कह जाता है।

"जुल्फ को सर करने में गालिब ने तो सिर्फ एक ही उम्र का अंदाजा लगाया था मगर जिंदगी की शिकस्त गालिब के अंदाजे से बहुत बड़ी है। गोपाल सोचता।"

और आजकल गोपाल सोच रहा था, उसके घर एक लड़का पैदा होगा। हूबहू उसकी शक्ल, हूबहू उसका दिल, हूबहू उसके सपने। और फिर उसका लड़का जवान होगा, वो एक लाल मिर्च जैसी लड़की जरूर तलाश करेगा और फिर वो पूरी दुनिया को अपने बेटे की आंखों से

देखेगा।

आज मैं बर्फ वाला पानी नहीं पियूंगी, एक दिन गोपाल की बीवी ने शिकंजी का गिलास अपनी सास को वापिस करते हुए कहा और मां जब उसके लिए चाय बनाने रसोईघर में गई तो गोपाल ने अपनी बीवी से हल्का सा मजाक किया, "मैं पूरे महीने सपने जमा करता हूँ और तुम महीने के आखिर में उन्हें तोड़ देती हो।"

शायद इन्हीं अल्फाज़ का असर था कि अगले महीने गोपाल की बीवी को दिन लग गए और गोपाल की बांहों में जैसे अभी से उसका बेटा खेलने लगा।

"खट्टी या नमकीन चीज़ तो कभी मांगती ही नहीं, हमेशा उसका दिल मीठी चीजों के लिए मचलता है, जरूर बेटा होगा। तुम्हारे पैदा होने के वक्त मुझे भी गुड़ की खीर अच्छी लगती थी।" मां जब ये कहती तो, गोपाल को लगता, अब तो उसका बेटा तोतली बातें भी करने लगा है।

ये नौ महीने गोपाल को नौ साल की तरह मालूम हुए और फिर घर में घी, गुड़ और अजवाइन जमा होने लगी।

कमरे का दरवाजा बंद किया हुआ था। गोपाल ने बाहर बरामदे में बैठकर कागज, कलम और एक किताब अपने सामने इस तरह रखी हुई थी, जिससे देखने वालों को लगे जैसे उसे सर उठाने की फुर्सत नहीं है। मगर गोपाल किताब का कभी कोई वर्क उलटता, कभी कोई और फिर जो सफा सामने आ जाता उसको ही कागज पर नकल करने लगता।

दरवाजे के पास वह जमकर बैठा हुआ था और उसके कान अंदर की आवाज सुनने के लिए खड़े थे। गोपाल इंतजार कर रहा था कि दाई कहेगी "लाख लाख बधाइयां गोपाल की मां, ये लो पोता संभालो।"

एक बार दाई बाहर आई भी थी, कहने लगी "बेटा गोपाल, जरा जाकर थोड़ा सा शहद तो ला दे। देखकर लाना शहद नया हो।"

गोपाल वहां से जाना नहीं चाहता था, क्या पता उसके पीछे......जल्द ही कुछ हो जाए........जल्द ही कुछ हो जाए....... मैं उसकी पहली आवाज सुनूंगा, ये सोचकर उसने दाई को डांटा "शहद की याद अब तुम्हें आई, ये तमाम काम पड़ा हुआ है मेरे सामने, कल मुझे ये सब काम दफ्तर में देना है।" "तुम मर्दों को तो अपने काम की ही पड़ी रहती है, आखिर बूढ़ी उम्र है कई बातें भूल जाती हूँ।" दाई ये कह रही थी कि गोपाल की मां

ने महकिक हल कर दी......... हमारे यहां किसी ने शहद वहद नहीं दिया, हम तो उंगली पर थोड़ा सा गुड़ लगाकर मुंह में डाल देते हैं।

"अच्छा गुड़ ही सही"-और दाई अंदर चली गई। गोपाल के कान दरवाज़े की तरफ लगे हुए थे, अचानक बच्चे के रोने की आवाज आई। सांस जैसे किसी ने हाथ में पकड़ लिया हो। वो न नीचे आ रही थी, न ऊपर जा रही थी। अभी तक आवाज़ नहीं आई थी, उसे बच्चे की आवाज़ से ज्यादा दाई की आवाज़ का इंतजार था और फिर दाई की आवाज़ आई "लड़की".......

गोपाल की कुर्सी कांप गई। उसकी मां शायद पानी या तौलिया लेने बाहर आई हुई थी। गोपाल के हाथ कांपे "मां लड़की।"

"नहीं बेटा, नहीं, तू भी पागल है - दाइयां यही कहती हैं। अगर वो यह कह दे बेटा हुआ है तो ज्यादा खुशी की वजह से बहू की जान को खतरा हो सकता है।" ये कहकर मां जल्दी-जल्दी अंदर चली गई। गोपाल की कुर्सी अब पहले की तरह नहीं कांप रही थी मगर फिर भी गोपाल ने उसे दीवार के सहारे लगा दिया था। "बेटी, जो भी हो किस्मत वाला हो।" दाई की आवाज़ आई।

"बेटी तो लक्ष्मी होती है, इस बार बेटी तो दूसरी बार बेटा" मां दाई से कह रही थीं।

"ये लड़की है या रेशम का धागा है......" मां कह रही थीं या दाई कह रही थी। इस मरतबा गोपाल से आवाज नहीं पहचानी गई। उसकी कुर्सी कांपी और पूरी दीवार हिल गई। उसे महसूस हुआ कि वो बूढ़ा हो गया है।

लाला गोपाल दास से उसकी पत्नी अपने घुटनों को दबाते हुए कह रही थी "ये अब इतनी बड़ी हो गई है, कोई लड़का देखो ना - कहां छुपाऊं इस आंचल की आग को? ऐसा रूप.....ज़माना बुरा है....."

और फिर जब उसके दरवाज़े पर बारात आ गई, उसके दामाद ने उसके पांव छुए, वो लाल कपड़ों में लिपटी हुई थी....वो डोली के पास जाकर उसे दिलासा देने लगा। उसकी बेटी...... बिल्कुल लाल मिर्च.....

लाल मिर्च..... लड़की...... लाल मिर्च..... और गोपाल को महसूस हुआ आज........आज किसी ने मिर्चें उसकी आंखें में झोंक दी हों.....

●

केले का छिलका

असल में मुझे ये कहानी नहीं लिखनी थी। सिर्फ एक तार भेजना था। रिप्पी ने आखिरी वक्त में मुझे एक तार भेजने की जिम्मेदारी सौंपी थी। उसकी जिंदगी की शमा बुझ गई थी। जिम्मेदारी लेते वक्त मुझे ये ख्याल ही न था। तार में लिखने वाली बात उसने मुझे बता दी थी, वो ये थी "तेरी चाल सही निकली तुझे मुबारक हो।" लेकिन तार किसे भेजना था ये रिप्पी ने मुझे बताया ही न था। यकायक उसकी जिंदगी की शमा गुल हो गई।

रिप्पी तो जी के लिए तैयार थी, लेकिन उसकी जिंदगी को क्या कहें जो उसका बोझ न उठा सकी। एक बार मैंने एक नज़्म लिखी थी जिसका एक शेर ये था,

"हम जिंदगी की मेहमाननवाजी देख चुके हैं
मौत भी बहुत बुला रही है
चलो उसे भी चलकर देख लें।"

मेरी प्यारी रिप्पी, मुझे लगता है कि ये बात उतनी मेरे ऊपर ठीक नहीं बैठती जितनी तेरे ऊपर। सच पूछ जिंदगी तेरी मेहमाननवाजी करना भूल गई। आज अगर तू कहीं देख सकती है तो देख रिप्पी। मैं तुझसे किया हुआ वादा तार के जरिये पूरा नहीं कर पाई। ये मेरी मजबूरी है। लेकिन तेरी कहानी कागज पर उतारकर ये वादा पूरा करने की कोशिश कर रही हूँ।

रिप्पी का पूरा नाम बहुत बड़ा था, मैंने उसके नाम को मुख्तसर करके सिर्फ "रिप्पी" कर दिया था। उसने भी दोस्ती के नाते मेरा नाम मुख्तसर कर दिया था और मुझे "ऐमी" कहकर पुकारती थी।

उसे मेरे गीतों से प्यार था और मुझे उसकी आवाज से। जब वो गाती

थी तो मुझे लगता था, मेरे गीतों की कीमत बढ़ गई है। सिर्फ मुझे ही नहीं बल्कि जिसके भी वो गीत गाती थी उसे ऐसा ही महसूस होता था।

गीतों को जीवन देने के लिए रिप्पी के पास आवाज की खूबसूरत दौलत थी और इस दौलत को वो जगह-जगह लुटाती थी। लुटाकर भी उसकी दौलत बढ़ती ही जाती थी। वो जब स्टूडियो में गाने के लिए जाती थी तो साज़िद फख्र से फूल जाते थे। जब रिप्पी जैसा सुरीला कलाकार आता तो उनमें नई जान पड़ जाती।

रिप्पी के जवान चेहरे पर एक बुजुर्गाना अंदाज होता था, मुझे याद है, रिप्पी को देखकर एक अफसर ने कहा था "पांव पड़ता हूँ" और रिप्पी ने इतराकर जवाब दिया था "जीते रहो खुदा करे।"

एक बार मैं हास्य रस के मशहूर लेखक हरिचंद अख्तर और रिप्पी के साथ स्टूडियो से बाहर आ रही थी। दूसरे दिन रविवार था और रिप्पी की छुट्टी थी। अफसर बोला "अगले सोमवार तक पांव पड़ता हूँ।" तब रिप्पी ने उससे कहा "अगले सोमवार तक जीते रहो।"

मुझे याद है पंडित हरिचंद इस जवाब पर दीवाना हो गया था। इसके बाद जब भी हम मिले थे तो रिप्पी का ये जवाब याद करके हंस पड़ते थे।

आफिस की ड्यूटी खत्म होने के बाद अक्सर हमें आफिस की बस मिल जाती थी, जिसमें हमारे साथ रिप्पी भी होती थी। हममें से बहुत लोगों को उसके साथ कुछ वक्त गुजारने की ख्वाहिश थी, क्योंकि हर बार उसकी जबान से कोई न कोई ऐसी बात निकल जाती थी जो हममें से बहुत लोगों की शाम को रंगीन कर देती थी।

एक बार एक चौक में एक गाय बैठी थी। ड्राइवर हार्न बजाते-बजाते थक गया था लेकिन गाय न हटी। रिप्पी हंसकर कहने लगी, "आज कोई सिपाही अपने बदले इस गाय को ड्यूटी पर बैठा गया है।"

एक मरतबा एक साइकिल वाला बस के आगे साइकिल चला रहा था। हार्न बजाने पर भी वो एक तरफ न हुआ। रिप्पी ने हंसकर कहा, "अरे ये तो एक पैर अमरीका में और दूसरा हिन्दोस्तान में रखता है।"

रिप्पी का दिल नाजुक था। वो ड्राइविंग सीख रही थी, एक बार जब उसने दाईं तरफ मोटर को मोड़ा तो सामने से एक साइकिल वाला आकर उसकी मोटर से टकरा गया, धक्का लगने से साइकिल वाला बेहोश हो

गया। फ्लाइंग स्क्वाड (राहत वाहन) वाले उसे उठा कर ले गए। रिप्पी की जबान से सिर्फ इतना निकला "इसको कुछ भी नहीं होगा मैंने कभी किसी को दुख नहीं पहुंचाया।" साइकिल वाले को कुछ भी नहीं हुआ।

लेकिन पिछले दो साल से रिप्पी को प्यार करने वाले, उसके फन, उसके खूबसूरत चेहरे और उसकी शख्सियत को देखकर अनुमान लगा रहे थे कि वो बीमार रहने लगी है। वो जब भी मिलती उसका चेहरा पहले से ज्यादा कमजोर दिखता। जो ताज़गी उसके चेहरे पर नजर आती थी उसकी जगह अब दुख की परछाइयों ने ले ली थी। उसके जीवन से सब रंग छिन से गए थे, फिर एक दिन ऐसा आया जब उसके घर वालों ने उसे सफदरजंग अस्पताल में ले जाकर दाखिल करा दिया।

पिछले महीने आफिस के बहुत से लोग उसकी तबीयत पूछने गए थे। डाक्टर उसके एक्स-रे की रिपोर्ट लेकर आया था, रिप्पी के खामोश होंठ जैसे कह रहे थे "हड्डियां तो सलामत हैं ना डॉक्टर ? अच्छी तरह देखो, एकाध टूटी जरूर होंगी।"

पिछले हफ्ते मैं अकेली उसके पास थी। मैंने उसे अपना ताज़ा गीत सुनाया था जो कुछ इस तरह था -

प्रकाश की फुलवारी
टांका कोई न लगाए

गीत सुनकर रिप्पी रोने लगी और कहने लगी "मैं जब भी तेरा गीत सुनती हूं ऐमी, मेरे गले में सुर थरथराने लगते हैं, किसी दूसरे के लिए तो नहीं, लेकिन काश तेरी खुशियों की फुलवारी में टांका लगाने के लिए जिंदा रह सकूं।"

"तुझे इन गीतों की कसम रिप्पी, एक बार, सिर्फ एक बार बता दे, तुझे क्या दुख है? तेरे पूरे शरीर को जांचा जा चुका है, सब कुछ ठीक है, कोई रोग किसी की पकड़ में नहीं आया। फिर....."

"नहीं ऐमी मुझे गीतों की कसम न दे, ये मेरे साथ अच्छा नहीं होगा।"

"रिप्पी, कसम न सही, मेरे गीतों की मिन्नत ही सही जो तूने गाए हैं और उनकी भी जो अभी तुझे गाने हैं।"

"ऐमी सच बताऊं.....दो साल हुए मैं केले के छिलके से फिसल गई थी।" इतना कहकर रिप्पी अपने खास अंदाज़ में हंसने लगी। "चल

पागल।"

"सच.....किसी वक्त मामूली चोट गहरा दाग देकर छोड़ती है।"

"और तुझे किसी हड्डी पर चोट लगी।"

हड्डी पर तो नहीं लगी है, लेकिन बहुत कुछ टूट चुका है। मेरा दिल टूट चुका है।

"रिप्पी"

वो केले का छिलका नहीं था.......एक लड़की थी।

"लड़की....... आखिर कौन लड़की तेरे रास्ते में आ सकती है रिप्पी?"

"वो मेरे रास्ते में आई या मैं उसके रास्ते में आ गई? मुझसे कहा गया कि मैं खुद उसके रास्ते से हट जाऊं।"

"क्या कह रही हो रिप्पी?"

"खुद पर यकीन रखती हूँ, इसलिए दूसरों पर भी मुझे कम भरोसा नहीं है। मुझे उस पर पूरा यकीन था। उसने मुझे खत लिखा कि किसी आदमी ने मेरा खराब किस्म का फोटो खींचा है, रिश्वत में वो आदमी दो सौ रुपये मांगता है, अगर पैसे उसे नहीं दिए गए तो वो उस फोटो को मेरे घरवालों को दिखा देगा।"

"फिर ?"

"रुपये तो मैंने नहीं दिये, लेकिन अंदर ही अंदर दुख मुझे खाने लगा, मैं सोचने लगी आखिर वो फोटो खींचा किसने...... और कैसे खींचा ?"

मैंने घर वालों को भी ये बात बताई। एक तो मुझे यकीन था कि इस किस्म की फोटो किसी के पास नहीं और दूसरे ये कि अगर कहीं किसी ने शरारत से मेरा सर किसी के नंगे जिस्म से जोड़कर फोटो खींचा होगा तो ये बात भी फोटो देखने के बाद साफ हो जाएगी। मैं एक अजीब परेशानी में घिर गई।

सच ऐमी दिन में, दिन में तीन बार डाक आती थी। जब भी कोई नया लिफाफा देखती थी तो मेरे हाथ कांपने लगते थे। जिससे मैं प्यार करती थी उसे भी मैंने ये बात बताई, मुझे यकीन था कि वो मेरी सच्चाई पर यकीन करेगा। लेकिन कोई भी शाम ऐसी न होती थी जब उस फोटो का जिक्र न निकलता हो। मेरे प्रेमी की बातें भी दूसरों की सी बन गई थीं, वो कहता था, कुछ तो बात है..... जो ये बात हुई। ......ऐमी पानी

दे। मैंने पानी पिलाया और उसके हाथ को प्यार से दबाया।

"मेरे हाथ को इस तरह प्यार से..... ऐमी इस तरह दबाने से कितनी ही बातें निकल आती है। मैं बीमार हो गई। इसके बाद वो मेरे पास आने लगी थी, वह मुझे अच्छी लगने लगी थी। वो डॉक्टर से पूछताछ करती और चली जाती थी। इस तरह मेरे हाथ को दबाकर सुकून देती थी और अब जो भी कोई इस तरह प्यार से मेरा हाथ दबाता है तो जैसे जिस्म पर खंजर चलने लगते हैं।"

"और इस तरह दो साल तुझे सताती रही?"

हां ऐमी...... जैसे-जैसे मैं बीमार होती गई, खत के ज़रिये उसकी धमकियां बढ़ती गईं। उसका ख्याल था कि एक दिन मैं मर जाऊंगी। किसी को मारने का कितना आसान रास्ता है ऐमी ? सांप भी मर जाए और लाठी भी न टूटे। मरने का कोई दुख नहीं होता ऐमी..... लेकिन उसकी नज़रों में मर जाना जिसे कोई प्यार करता हो...... उफ्.......

"हां ऐमी एक बात की मुझे खुशी है कि मैं सबकी नज़रों में सुर्खरू होकर मर रही हूँ। अपनी नज़रों में सुर्खरू होकर मर रही हूँ, खैर अपनी नज़रों में तो शुरू से ही सच्ची थी। लेकिन ये पिछले दो साल जिस तरह मैंने काटे हैं मैं ही जानती हूँ, जिसे प्यार किया उसे भी दिल से निकाल फेंका, और अपनी मौत के लिए दुआएं मांगी। दुआएं कुबूल हो गई हैं ऐमी..... अब मुझे जीने की ख्वाहिश नहीं।"

"लेकिन रिप्पी तुझे मार कर किसी को क्या मिलना था?"

"तू तो औरत है ऐमी..... औरत होकर भी तू ये बात पूछती है।"

उसकी बात सुनकर मैंने उंगली दांतों में दे ली। मैं सिर्फ इतना ही कह सकी "औरत का ये रूप मैंने कहीं नहीं देखा प्यारी रिप्पी।"

"मेरे लिए ये बात गनीमत है कि मैं मरने से पहले सुर्खरू हो चुकी हूँ।"

"लेकिन तुझे ये राज़ कैसे मालूम हो गया? चाल तो ऐसी थी कि जिसे कोई पकड़ ही नहीं सकता था।"

पन्द्रह नए पैसों की बचत ने सारा राज़ खोल दिया, उसने खत लिखकर मुझसे मेरा हाल पूछा था। लिफाफे के एक तरफ मेरा पता काटकर दोबारा लिखा गया था, मैंने सोचा ये पता दोबारा क्यों लिखा गया है? फिर ध्यान से देखने पर मालूम हुआ कि पहला काटा हुआ पता किसी

दूसरे के हाथ का लिखा हुआ था और तुझे सुनकर हैरत होगी ऐमी कि वो लिखाई हू ब हू उस धमकी वाले खत की सी थी।

"उफ्....... मेरे खुदाया...... तो क्या ये शरारत तेरी उस सहेली की थी?"

"मैंने खत लिखकर उसे अपने पास बुलाया...... और फिर जब मैंने पुलिस की धमकी दी तो उसने सब कुछ बता दिया। बात दरअसल ये थी कि वो भी उससे प्यार करती थी जिसे मैं चाहती थी। मुझे अपने रास्ते से हटाने के लिए उसने ये चाल चली थी।"

"रिप्पी...... रिप्पी..... तू नहीं मर सकती........ जिसने ये आग लगाई है उसको इस आग में जलने दे, तू जिंदा रहेगी...... रिप्पी तू जियेगी..... अपने फन के लिए मेरे गीतों के लिए।"

"नहीं ऐमी...... अब बहुत देर हो चुकी है, मुझे मरने का कोई गम नहीं। दो साल से मेरी रूह फड़फड़ा रही थी। मुझे अपनी मौत का कोई मलाल नहीं। हां ऐमी तू एक काम कर...... मैं मर जाऊं तो उसे तार दे देना कि तेरी चाल सही निकली, तुझे मुबारक हो।"

उस दिन जब मैं भीगी पलकों से रिप्पी के पास से आई तो मुझे गुमान भी न था कि उस रात उसके दिमाग की नस फट जाएगी।

जिस लड़की ने रिप्पी के साथ ये चाल खेली थी उसको भी रिप्पी की मौत की खबर पहुंच चुकी होगी। क्योंकि मुझे उसका नाम और पता मालूम नहीं, इसलिए मैं उसे तार नहीं दे सकती। लेकिन उसके बदले मैं ये कहानी लिखकर अपना फर्ज पूरा कर रही हूँ ताकि कहीं रिप्पी की तरह कोई और मासूम लड़की केले के छिलके से फिसल न जाए।

कोरी हांडी

हमारे बापू दूल्हे कुम्हार के सहन में हर रोज़ स्वयंबर रचाया जाता था, मगर उस स्वयंबर का तरीका ही अलग था।

सुन्दर घड़े, बांकी सुराहियां, प्यारे मटके और खूब पकी हुई हांडियां बन संवर कर खड़ी हो जातीं। हमारा बापू सहन में चारपाई डाल देता और उस पर बैठकर हुक्का गुड़गुड़ाया करता और हर आने-जाने वाले पर उसकी निगाहें गड़ी रहतीं। हमारे हमचाहने वाले को उसकी एक शर्त माननी पड़ती थी....

एक दिन 12 साल का एक लड़का आया। उसने सब हांडियों में से मुझे चुना और जल्दी से उठा लिया। एक बार मुझको ठोंका, घुमाया और फिर दरवाजे से बाहर देखने लगा। मुझे ये सलोना सा लड़का बहुत अच्छा लगा और मेरा जी चाहा कि मैं जल्दी से उसके गले में जयमाला डाल दूँ, फिर सोचा स्वयंबर की शर्त को पूरा करना उसका फर्ज है। उसी समय एक औरत आवाज देती हुई अंदर आई।

"अरे मनका तू इधर कहां चला आया ?"

मुझे मालूम हो गया कि उस सलोने मनमोहन का नाम मनका है और वो अजनबी औरत उसकी मां है। क्योंकि लड़के ने फौरन ही जवाब दिया।

"मां भूल गई, आज हांडी नहीं खरीदोगी क्या?" फिर मनका मुझे उठाकर मेरे बापू की चारपाई के पास ले गया, तो बापू ने अपनी शर्त बता दी।

'तीन आने'

मनके की मां जब अपने पल्लू से पैसे खोलकर गिन रही थी तो मैं सोचने लगी कि अब मेरे शरीर से दाल की महक आएगी, मेरे अंदर से चावल की खुशबू निकलेगी और मेरा कुंआरापन खत्म हो जाएगा। मेरा

अकेलापन दूर हो जाएगा, मैं एक भरेपूरे घर में चली जाऊंगी। मेरा मनका मुझे खुरच-खुरच कर खाएगा और मेरे मनके की मां मुझे मांजन से रगड़-रगड़ कर साफ करेगी।

अचानक मेरे कोमल अरमान डगमगा गए..... मनका की मां कह रही थी "हांडी तो हमें लेनी है लेकिन अभी मेरे पास सिर्फ तीन आने हैं। हांडी ले लूंगी तो कहां से दाल खरीदूंगी और कहां से नमक मिर्च लूंगी?"

"लेकिन मां हांडी नहीं लोगी तो दाल किसमें पकाओगी ?"

मेरे मनके ने इंसाफ की एक बात कही।

मां कुछ पल चुप रही फिर बोली -

"आज दाल नहीं पकेगी, दो आने का गुड़ लूंगी उससे रोटी खाएंगे।"

मेरे मनके ने एक बार मेरी तरफ देखा और फिर दरवाजे से बाहर. ... मुझे लगा जैसे मेरा मनका पृथ्वीराज चौहान है और मैं संजोगिता और वो मुझे अभी अपनी बांहों में भरकर घोड़े को ऐड़ लगा देगा। "हांडी परे रख दे और घर चल।" मनके की मां ने कहा और जब मनके ने ललचाई हुई नजरों से मुझे देखते हुए कुछ कहना चाहा, तो उसी समय पैसे के नशे में डूबे एक आदमी ने तीन आने मेरे बापू की चारपाई पर उछाल दिए और मुझे मनके के हाथों से झपट कर चलता बना।

"हाय ये कैसा स्वयंबर था?......" मेरे अंदर से चीख निकल पड़ी और मुझे लगा कि किसी जालिम बादशाह ने भारी लश्कर से हमला करके मेरे मनके को हरा दिया हो और मुझे जबरदस्ती अपने महल में ले जा रहा हो।

"इन महल वालों को हम हांडियों की क्या जरूरत आ पड़ी।" मैं हैरान थी। जब मुझे एक महल जैसे महान में लाया गया तो मेरा दिल कांप गया। किसी ने मुझ पर काला रंग पोत दिया और देखते ही देखते मेरी पीठ पर भूतनी की शक्ल बना दी और मेरे पेट में एक डंडा लगाकर एक नए बनते हुए महान के ऊपर लटका दिया।

"नजरबट्टू...... सिर्फ इसलिए कि उसके सुन्दर मकान या महल को किसी की नज़र न लगे।"

एक जोरदार ठहाका मेरे चारों और गूंजने लगा।

पहले मुझे अपने हाल पर रोना आया कि मैं जो किसी चौके की शोभा बनने वाली थी नजरबट्टू बनकर रह गई...... और फिर मुझे उस नए घर

में रहने वालों पर भी रोना आया जिन्हें अपने पड़ोसियों की इंसानियत पर शक था कि वो लोग उनके घर की शान को झेल नहीं पाएंगे। ये तो पड़ोसियों और राहगीरों की बहुत बड़ी बेइज्जती थी।

मैं सोचने लगी जो लोग हलाल रोजी कमाते हैं और आपस में बांट कर खाते हैं, खुद जिंदा रहते हैं और दूसरों को जिन्दा रहने का हक देते हैं, उनके दिलों में इस तरह के शक जन्म नहीं लेते। क्योंकि मेहनत की कमाई को कभी नजर नहीं लगती। तो फिर ये कैसी कमाई थी? किस किस्म के पैसे का ये मकान था? हर पल नजर लग जाने का खतरा जैसे हर पल इंसान की नीयत पर शक होता रहता हो।

जाने वाले मकान को खूब अच्छी तरह देखते, एक-एक चीज की तारीफ करते लेकिन मुझसे आंखें चुराकर गुजर जाते।

दूसरे दिन मैंने देखा कि सड़क पार की झोंपड़ी से एक लड़का दौड़ता हुआ आया, पहले उसने मकान के बाहर खड़े दरबान को देखा, फिर सर उठाकर मेरी तरफ देखा। मैंने फौरन पहचान लिया कि वो मेरा मनका, मेरा महबूब था।

उसने दोबारा दरबान की ओर देखा तो उसकी पेशानी पर बल पड़ गए, क्योंकि यही दरबान उस दिन मुझे उसके हाथों से छीन कर यहां लाया था।

उसने मेरी ओर देखा तो उसका दिल रो पड़ा, क्योंकि मुझे हांडी से भूतनी बना दिया गया था और जब मेरे मनके की मुट्ठियां भिंच गईं तो मुझे लगा कि अब वो दिन दूर नहीं जब मेरा मनका मुझे भूतनी की घिनावनी जिंदगी से निजात दिलाकर फिर हांडी बना लेगा...... और तब मेरे जिस्म से दाल की खुशबू आएगी...... मेरे अंदर से चावलों की महक निकलेगी।

फिर उस घर में रोज नया सामान आने लगा। चादरें, गलीचे, मेजें, कुर्सियां, पलंग, रेडियो, रैफ्रिजरेटर, मालिक की बीवी, मालिक के बच्चे, उसके दफ्तर का अमला...... और न जाने क्या-क्या।

फिर एक रोज़ भोली भाली बांकी सी एक लड़की आई। उसको देखकर मुझे यूं लगा कि ये भी एक कोरी हांडी है। इस ख्याल से मेरा दिल कांप उठा।

क्या ये भी अपने घर से निकल कर इस मकान में पहुंचते ही मेरी

तरह भूतनी बना दी जाएगी?...... एक काली कलूटी हांडी...... नजरबट्टू।

सबसे नीचे वाले कमरे से मुझे उसकी आवाज साफ सुनाई दिया करती थी। वो दिन भर एक मशीन के सामने बैठकर टिक-टिक किया करती थी। सब लोग उसको मिस दास कहकर पुकारते थे।

एक रोज़ मैने देखा कि वो लड़की उस मकान के ऊपर वाले माले पर आई, जहां मैं एक डंडे के सहारे लटकी हुई थी। उसके साथ एक सुन्दर नौजवान भी था, जिससे वो बहुत प्यार से कहने लगी : "प्रेम तुम मेरे दफ्तर न आया करो।" "क्यों?" क्या मेरे आने से दफ्तर के काम में कोई रुकावट होती है, मैं तो हमेशा लंच टाइम में आता हूँ। "तुम साफ-साफ क्यों नहीं बता देती कमला। .... क्या तुम्हारे दिल में मेरे लिए अब जगह नहीं रही?"

"प्रेम तुम से मुझे कोई अगले जन्म में भी जुदा नहीं कर सकता।"

"तो फिर क्या बात है?"

"दरअसल मेरे बॉस को तुम्हारा यहां आना अच्छा नहीं लगता।"

"मगर तुम्हारे बॉस को तो सिर्फ 6 घंटे की ड्यूटी चाहिए ना या कुछ और।"

"बॉस, बॉस होता है प्रेम। उसके आदेश का पालन करना ही पड़ता है और वो वैसे भी मुझ पर बहुत मेहरबान है। उसने अगले माह से मेरी पगार बढ़ा दी है..... एक दफ्तर में मेरे भाई के लिए सिफारिश कर दी है और मुझसे ये भी कहा है कि जितने दिन मैं उसके साथ दौरे पर जाऊंगी, उतने दिन की पगार मुझे दुगुनी मिलेगी।"

"इसका मतलब अब तुम उसके साथ शहर से बाहर भी जाया करोगी।"

"हां प्रेम, जाना ही पड़ेगा...... बॉस के सारे पत्र मैं ही टाइप करती हूँ, मैं ही........"

"कमला मुझे तुम्हारी ये नौकरी पसंद नहीं।"

"मगर इसके बिना काम कैसे चलेगा? बड़ी मुश्किल से ये नौकरी मिली है और तुम ही तो कहा करते थे कि कोई नौकरी कर लो।"

"लेकिन अगर नौकरी बच गई तो तुम नहीं बचोगी कमला।"

'श् श्'

"मैंने पुकार कर कहा" मिस दास, मिस दास। तुझे ये मालूम नहीं

कि तेरा ये बॉस कोरी हांडी को भूतनी भी बना सकता है। एक काली कलूटी हांडी..... नजरबट्टू। एक बार मुझे देखो।

मगर मेरी तरफ कमला की पीठ थी, इसलिए उसने घूमकर न देखा। कमला के कानों में बॉस के दिए हुए नोट भरे हुए थे, इसलिए उसने मेरी एक भी न सुनी।

तीसरे दिन बॉस जब अपनी बड़ी कार में बैठकर दौरे पर रवाना हुआ, तो मिस दास भी उसकी कार में बैठी हुई थी। मिस कमला दास। मेरा दिल दहल गया और जब एक हफ्ते के बाद मालिक वापिस लौटा तो मैंने कार से उतरती हुई मिस दास का चेहरा देखा...... वो बिल्कुल मेरी तरह नजरबट्टू लग रही थी। मिस दास गाड़ी से उतर कर ऊपरी माले पर आ गई। शायद वो बहुत घबराई हुई थी, दफ्तर में न जा सकी और मेरे करीब मुंडेर पर बैठकर रोने लगी।

हम दोनों रोने लगीं।

अचानक पूरे घर में मातम छा गया। पुलिस ने मकान को घेर लिया। बॉस को हथकड़ी लग गई, औरतों और बच्चों को न जाने कहां भेज दिया गया। पुलिस ने दफ्तर के सारे अमले को निकाल बाहर किया और दरवाजे पर बड़ा सा ताला डालकर उस पर सरकारी मुहर लगा दी।

"मैंने लोगों को कहते हुए सुना कि मालिक ने बहुत बड़ा सरकारी गबन किया है।"

कई दिन बीत गए। कई रातें बीत गईं।

फिर सरकारी ताला खोला गया, मकान के अंदर से सारी चीजें बाहर निकाली गईं और फिर उनको नीलाम किया जाने लगा।

चादरें, गलीचे, पलंग, अलमारियां, मेजें, कुर्सियां, रेफ्रिजरेटर...... सब चीजें अपनी जगह से हट गईं...... सिर्फ एक चीज अपनी जगह टिकी रही. ....वो मैं थी, एक काली कलूटी हांडी.......'नजरबट्टू'

एक रात बहुत ही नर्म-नर्म उंगलियों ने मेरे शरीर को छुआ। छोटी-छोटी..... ठंडी-ठंडी उंगलियां..... और मैंने हैरान होकर देखा मेरा मनका बहुत ही धीरे से, बहुत ही एहतियात से मुझे कैद से आजाद करा रहा था। न जाने वो कौन से रास्ते से यहां तक आया था, किस-किस की निगाहें बचाकर मुझ तक पहुंचा था। और फिर मुझे मिस दास की याद आई और मैं सोचने लगी कि शायद इस वक्त उसका महबूब भी उसे

अपनी बांहों में लेकर तसल्ली दे रहा होगा।

मेरा मनका जब मुझे बगल में दबाकर, साथ वाले मकान की मुंडेर फांद कर और उसकी सीढ़ियों से उतरकर अपने झोंपड़े में पहुंचा, तो उसकी मां जाग उठी और उसने घबराकर कहा -

"ये क्या है मनके"

"मां तू पड़ोसियों से मांगी हांडी लौटा दे, ये मेरी हांडी थी जो मैं ले आया हूँ।"

"अरे ये तो नजरबट्टू है।"

"अभी मैं इसे मांझ कर हांडी बना देता हूँ।"

"लेकिन इस पर तो जादू टोना किया गया है।"

"मैं अभी इसका जादू टोना उतार देता हूँ माँ तू फिक्र न कर। ये तो सिर्फ कालिख पोत रखी है। इस पर...... मैं सारी कालिख साफ कर दूंगा।"

"ये बुरी बात है मनके.....। अगर इसमें पकाई हुई दाल खाने से तुझे कुछ हो गया तो?"

मैं मनके के हाथ से लुढ़क कर मां के कदमों में चली गई और बोली "नहीं मां मुझमें पकी हुई दाल खाने से मनके को कुछ नहीं होगा। मैं पाप की हांडी नहीं हूँ, मैं तो कोरी हांडी हूँ। ये कालिख मैंने अपने चेहरे पर खुद नहीं लगाई, एक जालिम ने लगा दी थी।"

मां ने न जाने मेरी बात सुनी या नहीं, मगर उसने मनके की बात मान ली और उसके साथ मिलकर मेरे चेहरे से स्याही साफ करने लगी। फिर मुझे मिस दास याद आई और मैंने सोचा कि शायद उसका प्रेमी भी मुहब्बत के पानी से उसके दामन पर लगी कालिख को धो रहा होगा।

अब मेरा हुलिया ही बदल गया है। ऐसा लगता है जैसे मेरा नया जन्म हुआ है। इधर सुबह की किरन फूटी और मेरे अंदर से चावलों की खुशबू निकलकर हर तरफ फैलने लगी। अब मैं अमीरों के महलों का नजरबट्टू नहीं थी बल्कि एक गरीब के चौके की शोभा थी।

फिर एक आदमी झोंपड़े में आया।

"मनके तुमने सुना कि नहीं।" "क्या ?"

"अरे सामने वाले नए मकान में जो लड़की आया करती थी न, उसने आज कुएं में छलांग लगाकर आत्महत्या कर ली।" "कौन सी लड़की।"

मेरे मनके ने कुछ नहीं समझा, मगर मैं सब समझ गई, सब कुछ कि आज एक सुंदर सी हांडी सिर्फ इसलिए टूट गई कि समाज के दिल में मुहब्बत का ऐसा पानी था ही नहीं जिससे वो उस कोरी हांडी की कालिख को साफ कर देता। पोंछ देता। उसे संवार देता फिर उसे किसी सभ्य चौके की शोभा बना देता।

●

सिगरेट का टुकड़ा

किरत को जब भी अपनी नींद के होंठों से एक ख्वाब जैसी खुशबू आती, उसके अपने अंग बस में न रहते। उसके होंठ फड़कने लगते, बेखुदी की हालत में हीर और सस्सी के रंगीले गीत जो वो अपनी सहेलियों के साथ मिलकर गाया करती थी, अपने आप उन होंठों पर नाच उठते थे। मां टकटकी लगाकर उसके चेहरे की तरफ देखने लगती और फिर किरत को यूं लगता, मां को उसके होंठों में से उसके सपने की बू आ रही है। मां का माथा थोड़ा सा कस जाता और किरत अपने होंठों को ज़ोर से बंद कर लेती।

किरत ने गाना छोड़ दिया था मगर फिर भी जिस रात ख़्वाब उसकी आंखों में घर कर जाते थे उस सुबह उसके अंग उसके बस में नहीं रहते थे। मां कभी आवाज़ देती तो किरत के पास तक न पहुंचती। मां चिढ़ जाती तो किरत के हाथ में पकड़ी चीज़ छूट जाती या उसके पांव को दहलीज़ की ठोकर लग जाती। किरत बार-बार अपने हाथों को देखती और एक हल्की सी कंपन उसके शरीर में दौड़ जाती।

और फिर सर्दियों की ठंडी रातों में वो अपना मुंह रजाई में छुपाकर दुखी आवाज में कहती "तू मेरे ख्वाबों में न आया कर मैं तेरे ख्वाबों को कहां छुपाऊं।" गर्मियों में जब आंगन में चारपाइयां साथ बिछी होतीं, एक तरफ मां की चारपाई, दूसरी तरफ भाई की, जरा दूर उसके बाप की तो किरत अपनी चारपाई पर लेटकर मारे डर के ऊपर आंखें करके सितारों की तरफ नहीं देखती थी। उसे लगता था, जैसे सितारों की धीमी और सांवली रोशनी में उसका एक ख़्वाब चमक उठेगा और फिर उसकी खुशबू सबको महसूस होने लगेगी।

इस तरह ख़्वाबों की मिन्नतें करते-करते और होंठों को भींचते-भींचते

किरत ने दो बरस पार कर दिए और अब अगले दिन सवेरे उसकी सगाई थी। किरत की मां ने ये मन्नत मानी थी कि अगर पास के गांव के साहूकारों में से किसी के बेटे से किरत की सगाई हो जाए तो वो देवी माता को सोने की नथ चढ़ाएगी अब अगले ही दिन किरत को शगुन पड़ने वाला था। साहूकार ने बड़ी खुशी से किरत का रिश्ता स्वीकारा था। चाहे किरत के बाप को शगुन की पच्चीस मोहरों के लिए अपनी एक भैंस बेचनी पड़ी थी, भैंस भी वो जिसके माथे पर चांद का निशान था लेकिन किरत की मां का अपनी मन्नत पूरी करने का समय आ गया था। साहूकार के घर से लड़की के लिए रेशमी कपड़े, चूड़ियां, मिठाई का थाल और केसर की पुड़िया आ गई थी। रात के तीन पहर बीत गए। किरत को नींद ने कुछ न कहा। कुछ कहना तो दूर रहा वो किरत के पास तक न आई। किरत को महसूस हुआ सुबह होने वाली है। अच्छा हुआ पराई होने से पहले ही उसके सपनों ने उसका साथ छोड़ दिया। अपने दिल के, शरीर के सब पंख झाड़कर किरत सोचने लगी, "मेरे सपनों के लिए तो मेरे बाप के घर में भी जगह न थी, पराए घर में मैं अपने सपने कहां रखूंगी।" और फिर अपने दिल पर से उतारे हुए पंखों की तरफ उसने एक बार नज़र दौड़ाई........ एक आखिरी नज़र। आखिरी बार टूटे पंखों को दिल के साथ जोड़कर वो रो पड़ी, आखिरी बार, आखिरी बार मेरे ख़्वाबों में आ जा....... मेरे ख्यालों में आ जा .... मेरे ख्यालों में आ जा और दो बरस पहले किरत की बेदार आंखों में जो ख्वाब आया करता था, आज फिर पूरे का पूरा उसके सामने से गुज़र गया।

एक सुबह किरत के पिता जी ने स्टेशन पर घोड़ी भेजी थी। किरत के भाई को शहर से आना था। दस दिनों की छुट्टियां थीं, किरत का भाई जो शहर के किसी कॉलेज में पढ़ता था, अपने गांव आ रहा था। किरत का बाप किरत की मां से कह रहा था "लड़का ही नहीं, शहर से उसका दोस्त भी साथ आएगा, मीठे चावल पकाओगी? मीठे चावल पकाओगी तो उसमें बादाम की गिरियां जरूर डालना। चौबारे में निवाड़ की चारपाई बिछाना और उस पर अच्छी सी चादर। लड़का ये न कहे कि उसके दोस्त की अच्छी खातिर नहीं हुई।"

किरत को अपने भाई से बहुत प्यार था। दोस्त के लिए उसने चौबारे की पक्की ईंटों को मल मल कर धोया था। अपने हाथों से काढ़ी हुई चादर

बिछाई थी और अब स्टेशन से लौट रही घोड़ी की राह देख रही थी।

किरत के भाई के साथ उसका दोस्त भी था। शहर की न जाने कौन सी हवा वो अपने साथ लाए थे कि किरत को अपने घर की हर चीज में मीठी-मीठी खुशबू आने लगी थी। सारे काम खत्म करते उसे सुबह से शाम हो जाती पर उसे समय का पता ही न चलता था।

किरत का भाई कहता "मेरा दोस्त कोई आम शख्स नहीं है, वो सुल्तान है गीतों का सुल्तान।" उसके गीत बड़े-बड़े शहरों में गाए जाते थे। किरत के भाई ने कहा "ये तो हमारे गांव का भाग्य है कि वो हमारे गांव में आया है बल्कि हमारे घर आया है।"

सुल्तान को सुबह सवेरे बिस्तर पर ही चाय पीने की आदत थी। भाई ने किरत को अच्छी तरह समझा दिया था कि चाय का प्याला बनाकर ऊपर के कमरे में, वो चाहे सोया पड़ा हो, उसके सिरहाने रख आया करे। सुबह की पहली किरन और किरत जैसे एक साथ ही जागते थे। रात की धीमी सी आंच को कुरेद कर नई लकड़ी से आंच तैयार करती। चाय का प्याला बनाकर ऊपर के कमरे में रख आती। आते हुए खटखट की आवाज़ कर देती, जिससे कि वो जाग जाए और चाय ठंडी न हो। एक सुबह जब चाय के प्याले को छलकने से बचाती, किरत धीरे-धीरे सीढ़ियां चढ़ कर ऊपर पहुंची, तो गीतों का बादशाह सुल्तान, लालटेन की हल्की रोशनी में कुछ लिख रहा था। किरत ने सोचा "शायद मुझे देर हो गई" मगर सुल्तान ने हंस कर कहा "देर तुम्हें नहीं हुई, बल्कि नींद को ही देर हो गई और मैंने सारी रात लालटेन की धीमी रोशनी में काग़जों के साथ बिता दी।"

"आज मैंने तुम्हारा कमरा कितना खराब कर दिया है।" सुल्तान ने कहा और किरत ने एक नज़र कमरे पर डाली। चारपाई के पास सिगरेटों के कितने ही टुकड़े पड़े थे और जरा-जरा सी राख कमरे में फैली हुई थी। किरत को याद आया कि वो रात को कमरे में पीतल की कटोरी रखना भूल गई थी। वो उल्टे पांव कटोरी लेने चली गई।

बर्तनों के चमकते हुए चेहरे भी किरत को फीके से लगे और कितनी ही पीतल की कटोरियों को पकड़-पकड़ कर उसने छोड़ दिया। "मैं क्या ले जाऊं, किरत ने सोचा, लेकिन कोई भी चीज उसकी आंखों में न समाई।"

पिछली बार किरत का भाई उसके लिए शहर से लाल रंग की,

प्लास्टिक की एक छोटी सी प्लेट लाया था। उसे संभाल कर किरत ने ट्रंक में रख रखा था, प्लेट का लाल और चमकता हुआ रंग किरत की आंखों में घूमा और किरत ने दबे पांव, कमरे में जाकर अपना ट्रंक खोला, छोटी सी लाल प्लेट को निकाला और उसको अपने दुपट्टे में छुपा लिया।

सुल्तान के पलंग के पास रखे लकड़ी के स्टूल पर चाय का प्याला, उसी तरह पड़ा था, किरत ने अपने दुपट्टे में से प्लेट निकालकर प्याले के पास रख दी।

"रात में प्लेट रखना भूल गई थी।"

"इतनी सुन्दर प्लेट में सिगरेट बुझाऊं?" सुल्तान ने एक बार किरत के चेहरे को देखा और फिर हाथ का कागज़ किरत के सामने रख दिया।

"नया गीत।" किरत की आवाज़ जैसे थम गई। किरत को ऐसा लगा जैसे सुल्तान से बात करने के लिए उसके पास सलीका और अकल नहीं है। जब कभी सुल्तान उससे गांव की कोई बात पूछता तो उसके गले में जैसे आवाज़ जम जाती और वो रुक-रुक कर जवाब देती।

"गीत, नया गीत, गीतों के राजा का गीत।" किरत को यूं लगा जैसे वो कागज़ उसके हाथों से छूटा जा रहा हो और उसके हाथ कांपने लगे "आप सारी रात नहीं सोए?" किरत ने संभल कर पूछा।

"इस गीत ने सोने नहीं दिया।" सुल्तान ने धीरे से कहा। गीत वाले कागज़ में न जाने कैसी किरनें थीं किरत से उसकी गरमी सही नहीं गई, किरत ने हिम्मत बटोरते हुए पूछा "पढ़ लूं?"

"सिर्फ तुम्हारे पढ़ने के लिए ही लिखा है" और सारी रात के जागे सुल्तान ने अपने सर को सिरहाने का सहारा दिया।

किरत अपने गांव के स्कूल में पढ़ी हुई थी और बाद में उसके भाई ने भी उसे काफी कुछ पढ़ा दिया था, लेकिन किरत को यही लगा कि वो इस गीत को पढ़ने के लायक नहीं है।

"आप पढ़ दें।"

"लिखूं भी मैं और पढूं भी मैं।" वो मुस्कुरा दिया। कहने के लिए किरत को कुछ न सूझा और सुल्तान ने गीत पढ़ दिया।

लिख जा मेरी तक़दीर को मेरे लिए
मैं जी रहा हूँ तेरे बिना तेरे लिए
हर्फ मेरे तड़प उठे इस तरह

रात भर तारे सुलगते जिस तरह
जा रही है उम्र मेरी बेवफा
बेचैन है तेरे लिए ये रस्ता सदा
चीर कर सपनों को तू आ ज़रा।
रात बाकी है बहुत न जा ज़रा।।

सुल्तान ने जल रहे सिगरेट का आखिरी सिरा उंगलियों में पकड़ रखा थी। उसकी जलन पोरों को छूने लगी थी। किरत ने लाल प्लेट सुल्तान के आगे कर दी और जब उसने प्लेट में सिगरेट बुझाया, तो प्लेट की लाल छाती में सिगरेट जितना गोल सियाह छेद बन गया।

"मैं भी पागल हूँ, प्लेट ही जला दी।" वो प्लेट को हाथ में लेकर देखता रहा। इससे पहले न ही सुल्तान को और न ही किरत को ये ख्याल आया था कि प्लास्टिक की प्लेट आग की हरारत बर्दाश्त नहीं कर सकती। किरत ने हंसकर छेद वाली प्लेट और गीत वाला काग़ज अपने दुपट्टे में छुपा लिया और सीढ़ियां उतर आई हर बीतते दिन के साथ किरत की सांसों में एक जलन सी घुलती जा रही थी। ग्यारहवें दिन जब किरत का भाई और सुल्तान शहर वापिस लौटने लगे तो मां ने उससे कहा "बेटा, हम तुम्हारी ठीक से सेवा नहीं कर सके।"

सुल्तान ने मां के पांव छुए "ये दिन हमेशा मेरे दिल में बसे रहेंगे।" और फिर सुल्तान ने किरत के चेहरे की तरफ इस तरह देखा जैसे सारी की सारी किरत को अपनी आंखों में भर लिया हो। सुल्तान चला गया। अगली रात मां को किरत की नींद में से किसी सपने की बू आई। उसने किरत को अकेले में बैठाकर समझाया।

"ये नजरें मैं पहचानती हूँ बेटी, पूरी उम्र का रोग न लगा लेना, हम हिन्दू, वो मुस्लमान, ये अनहोनी नहीं हो सकती।"

किरत ने अपनी मां की सारी बात अपने कानों से सुन ली। वो थक हार गई, कोई बात उसके दिल में नहीं उतरती थी। किरत को जब भी अपनी नींद के होंठो पर से किसी सपने की खुशबू आती, उसके अंग उसके बस में न रहते, वो बार-बार अपने हाथों की तरफ देखती, अपने पांव को देखती, उसके पूरी शरीर में कंपन सी होती थी।

रात का चौथा पहर खत्म हुआ, किरत अभी तक उसी सपने में खोई हुई थी जो दो बरस पहले उसकी खुली आंखों में आया था। किरत पहले

डरा करती थी, कोई उसकी नींद के होंठों में से उसके सपने की बू पा जाएगा, लेकिन आज उसे यूं महसूस हो रहा था जैसे खुली आंखों से देखा हुआ वो सपना उसके रोएं-रोएं में समाया हो और आज दिन की रोशनी में भी उसकी महक फैल जाएगी और उसकी बू साथ वाले गांव के घर तक भी पहुंच जाएगी।

किरत की सहेलियों से घर का सारा आंगन भरा था। कोई उबटन बना रही थी, कोई कंघी और चोटी लिए फूले न समाती थी और कोई किरत की ससुराल से आए जेवरात और कपड़ों को संभालती थी। उन्होंने कई गीत गा दिए। एक खत्म करती थी तो दूसरी बोल उठा लेती थी। किरत को न जाने किस समय सहेलियों ने बाजुओं से पकड़ लिया और आंगन के एक कोने में पीढ़ी पर बैठा दिया और उबटन मलने लगीं।

किरत को यूं लगा कि गांव की सब लड़कियों को उसके रोएं-रोएं से उसके सपने की खुशबू आ रही है और वो सब मिलकर उसके बदन से उस महक को दूर करने की कोशिश कर रही हैं। किरत ने न अपने बाजू पीछे हटाए और न ही कोई दूसरा अंग। सहेलियां उबटन मलती रहीं और गाती रहीं और फिर लड़कियों ने उसे नहला धुला कर उसकी चोटी गूंधी, मोतियों वाला नया चोटिला डाला, नए कपड़े और ज़ेवर पहनाए और उसे लाकर रंगीन पीढ़ी पर बैठा दिया। किरत के अंग जैसे उसके अपने नहीं थे, सब कुछ पराया होता जा रहा था और किसी पराई चीज़ पर उसका कोई हक नहीं था।

किरत की पेशानी पर ससुराल से आया हुआ केसर चढ़ाकर, परिवार की बुजुर्ग ने जब उसके मुंह में मिठाई का टुकड़ा दिया तो एक लड़की ने बड़े चाव से जाकर कहा, "मेरा भाई शहर से तवे वाला बाजा लाया है। मैं उसे यहीं ले आई हूँ, मुझे बजाना भी आ गया है" और उस लड़की ने रिकॉर्ड छेड़ दिया

लिख जा मेरी तक़दीर को मेरे लिए
मैं जी रहा तेरे बिना तेरे लिए

किरत को यूं लगा जैसे कोई जहर उसे मुंह में घुल रहा हो, और किरत की चीख निकल गई। रिकॉर्ड में से आवाज़ आ रही थी "चीर कर सपनों को तू आ जा ज़रा रात बाकी है बहुत न जा ज़रा।"

लड़कियां किरत के चेहरे पर अपने दुपट्टों से हवा करने लगीं, किरत

को ऐसा महसूस हुआ जैसे वो प्लास्टिक की नन्हीं सी प्लेट हो और किसी ने आज जलते हुए सिगरेट का टुकड़ा उस पर रख दिया हो और प्लेट के लाल सीने में गोल, काला छेद पड़ गया हो।

●

दो खिड़कियाँ

-1-

इमारतों जैसी इमारत थी, पांच मंज़िलों वाली, जैसी दूसरी वैसी वो। और जैसे दो सरियों में पंद्रह-पंद्रह घर थे, वैसे ही उसमें भी थे। बाहर से कुछ भी अलग नहीं था सिर्फ अंदर से......

"ये जो एक जैसा नज़र आते हुए भी एक जैसा नहीं होता, ये ... ." डांका उस "ये" के आगे की खाली जगह को देखने लगती.....

"खाली जगह का क्या है, उसे जब तक चाहो, देखते रहो...... लेकिन जो खाली नज़र आता है, क्या सचमुच खाली होता है......." और डांका को लगा जैसे ऐसी बहुत बातें थी, जिनके शब्द उसके पास रह गए थे और मतलब खाली जगह चला गया था......।

आज भी डांका अपने बड़े कमरे की एक-एक चीज़ को देखती हुई शब्दों को ढूंढने लगी, "न सही मतलब, शब्दों में सही, लेकिन वो भी कहां हैं?"

डांका के बड़े कमरे में दो खिड़कियां थीं। आगे वाली खिड़की की तरफ बड़ी सड़क थी, वहां देर रात तक लोग आते-जाते रहते थे, पर पीछे की खिड़की की तरफ एक जंग कथा, जिसके पेड़ कहीं आते-जाते नहीं थे, और डांका दोनों खिड़कियों को देखते-देखते रो सी पड़ती, "लगता है शब्द आगे वाली खिड़की से निकल कर बाहर बड़ी सड़क पर चले गए हैं और अर्थ पीछे की खिड़की में से निकल कर बाहर जंगल में चला गया...... ।"

और उन दोनों खिड़कियों के बीच में जो जगह थी, डांका को लगा. ..... वह दो देशों के बीच छोड़ी गई थोड़ी सी जगह थी, जहां वो कई बरसों से खड़ी थी। उसे ख्याल आया कि वो इधर की या उधर की सीमा पार करके किसी एक तरफ क्यों नहीं चली गई थी ? मगर उसे लगा..... उसके

पैर जैसे बरसों से हिल नहीं रहे थे और वो हमेशा वहीं की वहीं खड़ी थी.......।

आगे की खिड़की में से बड़ा शोर आता था। लोगों के पांव, ट्रामों के पहिये...... जैसे शब्दों की कोई आहट होती है, लेकिन पीछे की खिड़की में से कोई आहट नहीं आती थी....... जैसे शब्दों की कोई आहट नहीं होती और वो सिर्फ पेड़ों के पत्तों की तरह चुपचाप झड़ जाते हैं.....।

कमरे की चीज़ें भी वैसी ही थीं जैसी वो खुद थी। एक गहरे लाल मखमल का शाही दीवान था, जिसके ऊंचे बाजुओं पर सोने का पतरा चढ़ा था। एक ओर काली और चमकती हुई लकड़ी की मेज़ थी, जिस पर नक्काशी हुई थी। एक तरफ अलमारी थी, जिसमें लम्बी गर्दन वाली कांच की सुराहियां थीं, नीले फूलों से सजी प्लेटें थीं, चांदी के कांटे और चांदी के चमचे थे। तीनों दीवारों पर ऑइल पेंट के तीन बड़े चित्र थे, जिनके बड़े-बड़े चौखटे सोने के रंग के पतरों से मंढे हुए थे। इस बड़े कमरे के दूसरे कोने में खाना खाने वाली एक बहुत बड़ी मेज़ थी, जिसके चारों ओर मखमल की बड़ी ऊंची पीठ वाली आठ कुर्सियां थीं। इसी बड़े कमरे में से एक दरवाज़ा छोटे कमरे में खुलता था जिसमें एक पलंग था जिस पर रेशम की एक बहुत बड़ी चादर बिछी थी। उसके दोनों ओर रखी हुई पीतल की तिपाइयों पर मीनाकारी हुई थी। इसी कमरे की एक दीवार के साथ किताबों की अलमारी थी। जिसके खानों में महंगी जिल्द वाली किताबें रखी थीं।

इस सब कुछ की उम्र भी डांका जितनी थी क्योंकि डांका के बाप ने बताया था कि उसने ये सब डांका की पैदाइश पर खरीदा था और अब जैसे डांका की जवानी ढल गई थी, उन चीज़ों की चमक दमक भी ढल गई थी....... सोने के रंग के पत्तर बुझ गए थे, मखमल फीका पड़ गया था। ये चीज़ें भी डांका की तरह बड़ी अकेली थीं...... वो मेज पर खाना खाने बैठती तो आठ में से सात कुर्सियां खाली रह जातीं। नीले फूलों वाली प्लेटों में से सिर्फ एक पानी से धुलती। चांदी के चमचों में से सिर्फ एक चम्मच इस्तेमाल होता और रेशमी चादर वाले बड़े पलंग का सिर्फ एक कोना किसी जिन्दा आदमी की सांस सुनता।

आज पीछे की खिड़की में खड़े-खड़े डांका को वो समय याद आ गया जब ये सब की सब चीज़ें कहीं खो गई थीं। उसे, उसकी मां को और

उसके बाप को बागियों ने आधी रात को उनके घर से निकाल दिया था। घर और घर की एक-एक चीज़ छीन ली थी। फिर उन तीनों को एक कैंप में रखा गया था, जहां से वो एक दिन उसके बाप को वहां ले गए थे, जहां से वो कभी वापस नहीं आया था और मां दीवानी सी हो गई थी तब डांका एक कुंवारी लड़की......

उसका कुंआरापन, डांका को महसूस हुआ, एक मर्द ने नहीं, सियासत के एक वाकये ने तोड़ा था। सरकार बदली, सरकार का काम काज बदला। किसी का किसी चीज पर कोई हक नहीं रह गया था। काम भी वही करना होता था जिसका आदेश मिले, सोचना भी वही होता था जो कहा जाए। डांका को उसके बाप ने तीन जबानों की तालीम दी थी। एक अपने मुल्क की जबान, एक फ्रेंच और एक जर्मन। इतनी तालीम किसी-किसी के पास थी और जब डांका ने इन तीनों जबानों में वही लिखना शुरू किया, जिसका उसे आदेश मिला था तो उसे लगा सरकारी आदेश ने एक बदमाश मर्द की तरह उसका कुंआरापन तोड़ दिया है।

बाप कत्ल हुआ था, लेकिन डांका ने कत्ल होते अपनी आंखों से नहीं देखा था। मां जिस तरह जी रही थी, उसे देखना ऐसे था जैसे कोई रोजाना किसी को मरते देखे। मां चारों ओर देखती थी, लेकिन पहचानती कुछ नहीं थी। कभी डांका का हाथ पकड़कर दूर तक देखते हुए पूछा करती, "हम कहां आ गए हैं? हमारा शहर कहां गया? ये किसका घर है?" तो डांका रो पड़ती थी।

थोड़े समय बाद डांका को रहने के लिए घर मिला था, तब डांका को ख्याल आया था। उसने बड़े अफसरों से मिन्नत की थी कि वो पहले से भी ज्यादा उनका आदेश मानेगी। अगर उसे उस सामान में से कुछ लौटा दिया जाए जो उसके बाप के समय उसके घर में हुआ करता था। डांका की अपील मान ली गई थी..... इससे मदद हुई थी, मां की आंखों में कुछ पहचान लौट आई थी। कई बार वो उठ कर मेज-कुर्सियों को खुद पोंछ देती थी और फिर उसने पूछना छोड़ दिया था कि ये उनका घर था। अब डांका के घर में कुछ वही चीजें थीं जो एक दिन गायब हुई थीं और फिर मिली भी थीं।

"लेकिन डांका सोचा करती जो कुछ ख्यालों और ख्वाबों में से गायब हो गया है वो...... और डांका उस 'वो' के आगे की खाली जगह को

कितनी-कितनी देर तक घूरती रहती।"

-2-

डांका ने मेज़ की एक दराज़ खोली। उस दराज़ में वो सिगरेट रखा करती थी, जो उन बोझिल पलों में पिया करती थी...... जब उसकी जान सिगरेट के धुएं की तरह एक धुआं से बनकर हवा में घुल जाना चाहती थी।

उसे वो दिन भी याद आया जब उसने पहला सिगरेट पिया था। एक दिन मां रेशमी चादर को पलंग पर बिछा रही थी कि उसे अचानक याद आ गया था, डांका ये चादर तुम्हारे पिता जी चीन से लेकर आए थे, देखो मैंने इसे कितना संभाल कर रखा है।

जवाब में डांका की आवाज़ कांप गई थी। उसे डर लगा था कि अभी मां को अपने मर्द की याद आ जाएगी और वो बैठी-बैठी रोने लगेगी। पहले भी कई बार उसे बैठे-बैठे कुछ हो जाया करता था...... लेकिन शुक्र ये था कि उसकी मां को पता नहीं था कि उसका मर्द खत्म हो चुका है।

उसके अचानक गुम हो जाने के सदमे ने उसके होश कुछ इस तरह छीन लिए थे कि उसने खुद ही सोचा और खुद ही यकीन कर लिया था कि उसका मर्द किसी दूर देश में व्यापार करने के लिए चला गया था। लेकिन उसी दिन डांका को लगा...... मां के होश लौट रहे हैं। घर की चीजों ने उसकी कुछ पहचान लौटा दी है। अगर उसे कैम्प के दिनों वाली लोगों की खुसर फुसर याद आ गई......

डांका ने उसका ध्यान चीज़ों में ही लगाए रखने के लिए जल्दी से पूछा था "मां, ये इतना सुन्दर पलंग कहां से बनवाया था?"

"तुम्हारे पिता जी चित्रों वाली पुस्तक लाए थे, मालूम नहीं कहां से। उसमें इस पलंग का डिजाइन था।"

"कुर्सियों का डिजाइन भी उसमें था?"

"हां, कुर्सियों का भी....... ऐसे रंग बिरंगे चित्र थे जैसे कुर्सियों पर सचमुच मखमल लगी थी...... और मां ऐसी प्लेटें भी तो किसी और के पास नहीं।" "ये तो वो फ्रांस से लाए थे, देखो मैंने उनमें से एक भी टूटने नहीं दी, अभी तक पूरी बारह हैं गिनो तो भला......"

डांका चाहती थी कि मां का ध्यान कहीं लगा रहे, चाहे प्लेटें और

चम्मच गिनने में ही। लेकिन उसे इसमें भी मुश्किल लगती थी जब मां को कुछ और ऐसी ही चीजें याद आ जाती थीं, जो अब वहां नहीं थीं...... एक दिन तो मां ने मोतियों वाली कंघी के लिए सारा दिन तूफान खड़ा करके रखा था। एक-एक चीज़ खोलती और रखती वो कंघी को ऐसे ढूंढ रही थी जैसे सुबह वो खुद ही उसे कहीं रखकर भूल गई हो।

उस दिन मां को किसी और चीज़ की याद नहीं आई थी...... डांका कुछ उदास हो गई थी कि अचानक मां ने मेज़ की एक दराज़ खोलते हुए पूछा था "खत"...... डांका चौंक उठी थी। कल तुम्हारे पिता जी का खत आया था कि वो बहुत जल्दी आ जाएंगे। मैं कल तुम्हें बताना भूल गई। खुशी से भूल गई होंगी। मैंने यहां मेज की दराज में रखा...... डांका को लगा जैसे रात में कोई सपना आया हो।

"बोलती क्यों नहीं, तुमने लिया खत" मां पूछ रही थी, लेकिन डांका से कुछ नहीं बोला जा रहा था।

मां फिर खुद ही बोलने लगी, "पैरिस से आए थे ना" वहां से वो कहीं इटली न चले जाएं, अगर इटली चले गए......।

"इटली......" डांका ने मां का ध्यान दूसरी तरफ करने के लिए कहा "मां तुम कभी इटली गई हो?"

"नहीं...... लेकिन मुझे ये पता है इटली गया मर्द जल्दी नहीं लौटता। कई तो लौटे ही नहीं...... क्या पता तुम्हारे पिता जी भी......"

और मां फिर ऐसे ख्यालों में गुम हुई कि वो खड़ी न रह सकी। वो पलंग के एक कोने में बैठ गई।

डांका के लिए मां की ये हालत भी बुरी थी, जब वो पत्थर बन जाती थी, उसने मां को ख्यालों से बाहर लाने के लिए पूछा "मां, लोग इटली जाकर लौटते क्यों नहीं.......?"

मां कितनी ही देर तक उसके चेहरे को देखती रही फिर हंस पड़ी 'मर्द किसी भी मुल्क जाए उसकी औरत डरती नहीं, लेकिन अगर इटली जाए तो औरत को उसका भरोसा नहीं रहता......। "

"लेकिन क्यों?" डांका भी हंस पड़ी।

"तुम तो पागल हो।" मां को ये बात बताने में शर्म आ रही थी लेकिन फिर भी वो हिचकिचाते हुए बोली "इटली की औरतें मर्दों पर जादू कर देती हैं, और फिर मां ने लम्बी सांस लिया और बोली "हाय रे ! वो

कहीं इटली न चले जाएं फिर मैं उम्र भर यहां इंतजार करती रहूंगी....... नहीं आएंगे।"

उस दिन अकेले बैठकर डांका ने जिंदगी में पहला सिगरेट पिया था।

-3-

"सिगरेट का इतिहास कौन लिखेगा?" डांका को एक ख्याल सा आया। लगता है कि सिगरेट का इतिहास उसके नाम में होता है। अलग-अलग नाम हैं, अलग-अलग ब्रैंड हैं, किसी का इतिहास पैंतीस बरस का किसी का पचास बरस का...... फिल्मों में जब किसी का विज्ञापन आता है तब उसका इतिहास बताया जाता है लेकिन ये सिगरेट का इतिहास कैसे हुआ, ये तो उसे बनाने वाली कम्पनी का इतिहास हुआ.......।

डांका ने हाथ वाले सिगरेट की आखिरी आग से एक और सिगरेट सुलगाया और सोचने लगी, "एक बार मुझे पिता जी ने बताया था कि उन्होंने पहला सिगरेट अपनी पहली कमाई के जश्न पर पिया था, उस दिन वो बहुत खुश थे। पढ़ाई के दिनों में उन्होंने ऐसी चीज़ों से खुद को दूर रखा था और खुद से वादा किया था कि जब तक वो अपनी कमाई के पैसे अपने हाथ में नहीं लेंगे तब तक वो सुख की कोई चीज़ नहीं खरीदेंगे. .....। तो उनके लिए ये सुख की निशानी थी।" डांका को चक्कर आ गया। शायद इसलिए क्योंकि उसने सुबह से कुछ नहीं खाया था। काफी की जगह भी उसने सिगरेट पिया था, रोटी और पनीर की जगह भी सिगरेट और सिगरेट की जगह भी सिगरेट......।

और डांका को यादा आया कि एक बार उसने खलील जिबरान की एक किताब में पढ़ा था कि उन्होंने एक दिन में दस लाख सिगरेट पिए थे। डांका फिर ख्यालों में डूब गई..... सिगरेट का इतिहास ये होता है कि किसी को किसी भी समय सिगरेट की जरूरत हो सकती है और डांका को पहाड़ी का वो गिरजा याद आ गया..... जिसमें पत्थरों की कुछ गुफाएं थीं। कहते हैं जब बहुत पहले यहां तुर्कों का राज था तब लोगों पर बड़े अत्याचार हुए थे। तब कुछ बुद्धिमान लोग इन गुफाओं में चले गए थे और तुर्कों से छुपकर इतिहास लिखते रहे थे। जंगलों के फल-फूल और तम्बाकू के पत्ते से छुपकर इतिहास लिखते रहे थे। जंगलों के फल-फूल और

तम्बाकू के पत्ते खाकर वो जीवित रहे और इतिहास लिखा......।

डांका के मन में, गुफाओं में बैठकर इतिहास लिखने वालों के चेहरे और खलील जिबरान का चित्र में देखा हुआ चेहरा गड्डमड्ड हो गए... ....। डांका सोचने लगी क्या ये भी सिगरेट का इतिहास है...... किसी चीज़ के निर्माण के समय......।

फिर एक और याद उसे झिंझोड़ गई। ये कोमार्क की याद थी, उसके अंदर भूख की एक और लहर दौड़ गई। "एक जिस्म को रोटी की भूख भी लगती है और दूसरे जिस्म की भी।" डांका ने सिगरेट का एक लम्बा कश लिया और आंखें मूंद लीं। हाथ वहीं उसके होठों के पास सो सा गया। सिगरेट के जलने के साथ इकट्ठी हुई राख जब झड़ कर उस पर गिरी तो उसकी गरमी से वो चौंक उठी।

कंबख्त न जाने कहां होगा? डांका के दिल में कुछ हुआ तो उसे महसूस हुआ, उसके कमरे की दोनों खिड़कियां बंद हो गई थीं..... और वो शब्द जो आगे की खिड़की से बाहर चला गया था, हमेशा के लिए बाहर रह गया था।

कमरे में सिगरेट जलता रहा, डांका सुलगती रही।

"सिगरेट का इतिहास......" डांका की आंखों के आगे कोहरा सा छा गया।....... शायद सिगरेट का धुआं। "ये पल, ये लम्हा...... इस जैसे कई पल...... ये भी सिगरेट का इतिहास है....... ये सच है उनके लिए शब्द भी कोई नहीं और अर्थ भी कोई नहीं.......।" डांका ने उंगलियों के बीच में पकड़े सिगरेट के आखिरी टुकड़े को वहीं पर फेंक दिया और खुद भी बुझे हुए सिगरेट की तरह वहीं लुढ़क गई जहां बैठी हुई थी। "डांका तुम्हें मेरी सौगंध अपना ध्यान, बोलो रखोगी न?"

"रखूंगी"

"ये मैं तुम्हें अमानत दे रहा हूँ।"

"अमानत"

"ये मेरी डांका मेरी अमानत।"

डांका बुझी हुई सी फिर सुलग उठी। उसके कानों में कोमार्क की आवाज़ उभर रही थी......।...... कहां है? कहीं भी नहीं...... डांका का मन तड़प उठा। यहां बस मैं रह गई हूँ और उसकी आवाज.......। डांका को बेचैनी भी महसूस हुई और चैन भी मिला "अगर अतीत की थोड़ी बहुत

आवाज़ें भी आदमी के पास न रहतीं तो आदमी का क्या बनता.....।"

साथ ही डांका को अपना वादा याद आ गया कि वो कोमार्क की अमानत थी और उसे अमानत का ख्याल रखना था। उसने उठ कर कॉफी बनाई, पनीर का एक टुकड़ा प्लेट में रखा और जब खाने लगी तो उसे याद आया.......कोमार्क का वो गीत जो कभी जलसों में बड़े जोश से सुना जाता था। वो गीत लिखते समय उसने कोई सौ सिगरेट पिए थे। कोमार्क घर में भी कभी-कभी वो गीत बड़े जोश से सुनाया करता था।

"मैं शहीदों की कब्र पर जाकर, एक छुरी तेज़ कर रहा हूँ। उस छुरी से एक बगावत आएगी, वो उनके लहू का बदला चुकाएगी और डांका हंसा करती थी, एक गीत लिखते समय तुमने सौ सिगरेट पिए हैं, अभी तो तुम छुरी को तेज ही कर रहे हो, जब उससे बगावत लाओगे, तब कितने सिगरेट पियोगे?"

पुरानी हंसी में से डांका को नया रोना आ गया "उन सिगरेटों का इतिहास कौन लिखेगा जो कोमार्क ने उस गीत को लिखते समय पिए थे?" डांका ने कॉफी का आखिरी घूंट पिया और फिर सिगरेट पीते हुए ख्यालों में गुम हो गई। उस गीत का इतिहास भी कौन जानता है? उसने न जाने किसके लिए लिखा था, लोगों ने किसके लिए समझा। "लोग जब उस गीत पर तालियां बजाते हैं मैं चकित हो जाता हूँ।"

"वो समझते हैं ये बग़ावत है और तुम्हारा गीत उसका इतिहास। डांका उसे जवाब दिया करती थी।"

यही तो मुश्किल है, ये जो बगावत आई है उससे क्या बदला है। सरकारी नुमाइंदे नहीं बदले, सिर्फ उनके चेहरे बदल गए हैं। कोमार्क की आवाज़ कुछ ऊंची हो जाया करती। डांका उसकी आवाज़ को अपने होंठों से ढक दिया करती "खुदा का वास्ता है, ये बात किसी और के सामने मत कहना।"

"मुझे कुछ भी कहने में यकीन नहीं, सिर्फ करने में यकीन है। कोमार्क हंस पड़ता।"

लेकिन तुम्हारे मेरे कहने से क्या होता है। डांका उदास हो जाती थी।

"तुम्हें एक बात बताऊं?" एक दिन अचानक कोमार्क ने ऐसे कहा था कि डांका बिल्कुल ही नहीं समझ सकी थी कि वो कौन सी बात कहने वाला है......

"क्या?"

"वो मेरा गीत है ना......"

"कौन सा? मरे हुओं की कब्र पर छुरी तेज करने वाला या कोई और?"

"वही"

"हां"

"ये बहुत समय से मेरे मन में था, तब से जब पहले वाली बगावत तेजी पकड़ रही थी.....?"

"तो ये गीत उसी की देन है?"

"जब उसके बारे में सोचा, तब उसी की थी, लेकिन जब लिखा तब उसकी न रही।"

"किसलिए?"

"इसलिए कि ये बगावत अपने ही कहने पर न चली। जो हथियार उसकी सुरक्षा के लिए पकड़ा था, वही उससे बचने के लिए पकड़ना पड़ा....... डांका"

'हां'

"तुम्हारे पिता जी एक अमीर व्यापारी थे ना?"

'हां'

"उस बगावत ने उन्हें इसलिए मरवाया कि धरती पर गड्ढे और टीले न रहें, लेकिन अगर बाद में नए टीले ही बनवाने थे। डांका ने जहां तक अपने पिता जी को जाना था उसने उन्हें एक कोमल मन वाला व्यक्ति पाया था। सोचा करती थी कि उन जैसे स्तर वाले लोग शायद उन जैसे न हुआ करते हों। लेकिन जो था उसके लिए ये सज़ा क्यों थी?"

जवाब कहीं से भी नहीं मिला था, इसलिए उसे चुप हो जाने की आदत पड़ गई थी।

"क्यों डांका? कोमार्क के मन में जो कुछ था उस दिन उसके मन में समाया नहीं था।"

"तुम्हें पता है, मैं कभी गिरजे में क्यों नहीं जाती? मां कई बार जाने की जिद करती है, मगर मैं टाल जाती हूँ। वहां पर लोगों के उदास चेहरे मुझसे देखे नहीं जाते, शायद वही एक ऐसी जगह है जहां लोगों की उदासी को जगह मिलती है...... या लोग ही वहां शान्ति की खोज में जाते हैं..

.... जाने से कुछ नहीं होता, मगर जाते हैं...... कोमार्क''

'हां'

''असल में कत्ल तो उनकी उदासी को करना था......'' डांका के ये शब्द मुंह में ही थे कि कोमार्क ने उसे बाजुओं में भर कर उसके शब्द चूम लिए थे। डांका की आंखों में पानी भर आया था। उसने डर कर कोमार्क के चेहरे को देखा था जैसे दुनिया में उसे मुश्किल से कोमार्क मिला हो और उसे विश्वास न हो रहा हो कि वो हमेशा उसके साथ रहेगा।

-4-

आज डांका को कोमार्क याद आया तो इस तरह याद आया जिस तरहे उसे याद करने से वो बहुत दिनों से डर रही थी, और आज उसके डर की सीमा टूट गई थी।

कोमार्क को गए हुए पांच साल बीत गए थे। डांका उसे जी भरकर याद करने का अवसर बड़ी कोशिशों से टालती रही थी। जानती थी कि वो याद आया तो जिन्दगी का एक भी दिन वो उसके बिना गुजार नहीं पाएगी लेकिन दिन तो गुज़ारने ही थे, ये कोमार्क का आदेश भी था और जिन्दगी की जरूरत भी।

जब कोमार्क को उसने खुद अपने हाथों विदा किया था, तो उसके हाथ बहुत मजबूर थे।

''ये भी जिन्दगी का रहम था..... वो जिन्दगी में मिल गया, तीन साल मैंने उसके साथ गुजार लिए.....'' डांका को अपनी उम्र के सारे बरस इस तरह याद आए, जैसे उसने रेत के किनारे पर बैठकर कुछ खाली सीपियां जमा की हों और कोमार्क से मुलाकात इस तरह हुई हो, जैसे एक दिन अचानक एक सीपी में से मोती निकल आया हो।

उनकी मुलाकात एक सरकारी दफ्तर में हुई थी...... एक गहरी और लम्बी खामोशी में से। देखने को तो डांका उसे रोज़ देखा करती थी, लेकिन चेहरों की पहचान तो दोस्ती नहीं होती।

एक दिन दफ्तर में डांका बड़ी उदास थी। जो लिख रही थी उससे नहीं लिखा जा रहा था और उसकी आंखें भर-भर आ रही थीं। कोमार्क ने उसे बीमार समझा था, हाल पूछा, लेकिन डांका जब तेज़ सर दर्द कह कर, दफ्तर से छुट्टी लेकर घर लौटी थी, कोमार्क उसे घर तक छोड़ने आया

था। घर आकर डांका ने उसके और अपने लिए कॉफी बनाई थी। किसी पर भरोसा करने की डांका की आदत नहीं थी, लेकिन उसी दिन कॉफी पीते हुए कोमार्क के सामने उसके मुंह से निकल गया, "रोजाना इतना झूठ नहीं बोला जाता, हिम्मत नहीं रह गई।"

और डांका की आंखों में फिर पानी भर आया था '"लोग सांस रोके जी रहे हैं, मैं रोज़ उनकी खुशी के विज्ञापन लिखती हूँ। ये सब कुछ किस लिए करती हूँ, इसलिए न कि जिन्दा रह सकूं।'

यही भरोसा एक जड़ था, जिसमें से डांका और कोमार्क की दोस्ती उगी थी और फिर कुछ महीनों के बाद उन्होंने शादी करके अपने ख्याल भी एक कर लिए थे और सपने भी।

मां के चेहरे पर खुशी लौट आई थी। एक दिन उन्होंने कहा था "डांका तुम इटली अपने पिता को खत लिख देती, तुम्हारा खत पढ़कर वो जरूर आ जाते। तुम उनके आने पर शादी करतीं तो अच्छा था।" इसके बाद फिर कभी उसने कुछ नहीं कहा था।

कोमार्क ने एक बार मां के चेहरे की तरफ देखकर डांका से अकेले में कहा था "डांका वो जो गीत है ना ...... कब्रों पर छुरी को तेज़ करने वाला...... तुम्हें पता है वो कौन सी कब्रें हैं?"

"शहीदों की?" डांका ने जवाब दिया था।

"हां शहीदों की, मगर इन शब्दों का बड़ा अर्थ है।"

"वो कैसे?"

"ये उन बेगुनाह लोगों की कब्रें भी हैं, जिनके बेवजह कत्ल होते हैं. ....जैसे तुम्हारे पिता जी की कब्र...... और ये उन लोगों की कब्रें भी हैं, जिनमें मरे हुए नहीं, जिन्दा लोग रहते हैं जैसे मां...... ।"

उस दिन कोमार्क की छाती से सर लगाकर डांका बहुत रोई थी।

कोमार्क और डांका का रिश्ता एक भरोसे की जड़ में से उगा था और उसके साथ बहुत सारे आंसू थे जो शायद उस पौधे को पानी देने के लिए बने थे। डांका को याद आया...... वो अपनी शादी की पहली रात को भी रोई थी। ये वो रात थी..... जब एक पूरी औरत एक पूरे मर्द से मिलती है और उस रात डांका ने कोमार्क को बताया था - "दफ्तर में जब भी बहुत झूठे लेख लिखती हूँ, घर आकर लगता है जैसे पराए मर्द के साथ सोकर आई हूँ..... पूरा शरीर गंदा लगता है......" और डांका की आंखों

में पानी भर आया "आज पहली बार देखा है कि शरीर पवित्र कैसे होता है।"

उस रात कोमार्क के बाजू डांका को घेरे रहे थे। बार-बार कहता था "तुम इतनी पवित्र हो कि सोचता हूँ कि तुम्हें खा जाऊं।"

फिर एक साल बीत गया, दूसरा बीत गया, तीसरा भी बीतने वाला था। डांका औरत थी उसने एक मर्द को पाकर उसे अपनी पूरी दुनिया मान लिया था, लेकिन कोमार्क मर्द था उसके लिए दुनिया बहुत बड़ी थी। चारों ओर जो भी बदला था सिर्फ शब्दों में बदला था। अर्थ वहीं था जो एक सरकार का हुआ करता है। नई सरकार तो और भी कड़क थी। कोमार्क जो कुछ होते देख रहा था उसके बारे में किसी से कुछ नहीं कहता था, लेकिन अपने गीतों में उसे दिखाता था। शायद खामोशी की कब्र पर वो कुछ तेज़ कर रहा था....।

फिर अचानक खबर मिली कि कोमार्क की जान खतरे में है। शायद एक रात का भी भरोसा नहीं था। सिर्फ एक ही रास्ता था कि कोमार्क रात ही रात में देश से निकल जाए और सीमा पार कर जाए।

डांका पूरी की पूरी उसमें समा जाना चाहती थी। उसने कोमार्क को जाने के लिए राज़ी कर लिया था। लेकिन उसकी छाती से अलग नहीं हो रही थी। पीछे मां थी, मां को कहीं भी अकेले नहीं छोड़ा जा सकता था। नही तो एक बार तो डांका अनहोनी सोच गई थी।

"अगर कहीं अनहोनी हो जाती......" डांका की छाती में उबाल आया "मां तो बाद में एक साल भी जिन्दा न रहती, वही जिन्दा रहती। यहां बस मैं रह गई और ये दीवारें......." और डांका के लिए मां का दुख भी ताजा हो आया। कोमार्क ने जाते समय मां का आशीर्वाद लिया था उन्हें बताया था कि उसे दूसरे मुल्क में कुछ काम पड़ गया है। इसलिए वो काफी दिन बाद लौटेगा, इस पर मां ने कहा था कि वो चाहे जिस देश जाए, बस इटली न जाए......।

आज डांका की आंखों में जैसे मां के आंसू भर आए थे, मां जब तक जिन्दा रही, कहती रही, "डांका उसका कोई खत आया? वो जरूर इटली चला गया होगा।" खत....... डांका ने ये शब्द जहर के घूंट की तरह पी लिया..... उसे सिर्फ एक खत का पता था, जो उसने एक बार आंखों से देखा था। उसे पुलिस स्टेशन बुलाकर उसके नाम आया कोमार्क का खत

दिखाया गया था। उसमें सिर्फ इतनी खबर थी कि वो जिन्दा फ्रांस पहुंच गया है। डांका का पुलिस से वास्ता उसी रात से पड़ गया था जिस रात कोमार्क घर से गया था। उसके जाने और पुलिस के आने में कुछ घंटों का फर्क था। कई महीने वो यही सोचती रही थी कि वो जिन्दा भी है या नहीं. ..... फिर पुलिस ने उसे खत दिखाकर कई आदेश दिए थे "अगर फिर उसका खत आया और तुमने खत का जवाब दिया तो फिर तुम खुद जिम्मेदार होगी......" मगर डांका की एक परेशानी दूर हो गई थी और उसके लिए यही तसल्ली काफी थी कि कोमार्क जिन्दा है।

डांका ने कभी उसके खत का इंतजार नहीं किया था। उसे मालूम था कि कभी कोई खत उस तक नहीं पहुंचेगा। लेकिन वो साल बिताती जा रही थी। ये साल चुप थे, बेकार थे, और डांका को लग रहा था कि उनके शब्द आगे की खिड़की से बाहर जा रहे हैं, और उनके अर्थ पीछे वाली खिड़की से बाहर गिर पड़े हैं..... मगर..... मगर..... और डांका 'मगर' के आगे पड़ी हुई खाली ज़गह पर जैसे खुद खड़ी हो गई "कोमार्क मैं तुम्हारा इंतजार करूंगी, तब तक करूंगी, जब तक तुम सब कब्रों पर जाकर अपनी छुरी तेज़ नहीं कर लेते।"

डांका को लगा..... उन ढेर सारी कब्रों में एक कब्र उसके इंतजार के बरसों की भी थी.....।

और डांका ने उठकर एक उम्मीद से कमरे की दोनों खिड़कियां खोल दीं.... और एक शब्द के लौट आने के लिए और एक अर्थ के पलट जाने के लिए..... मालूम नहीं कब...... मगर कभी......।

छम्मक छल्लो

"ज़रा इधर तो आना छल्लो की मां...... देखो ज़रा, आज तो मेरा घुटना बहुत ही सूजा हुआ है......" और फिर छल्लो के बूढ़े बाप ने अपनी टांग को फैलाकर देखा। ज़ोर का दर्द हुआ और उसने अपनी टांग सिकोड़ ली।

बूढ़े हुक्मचंद की जब पहली बीवी मर गई थी, वो जो छल्लो की मां थी तो उसने अपने रुपये-पैसे के बल पर जवान करतारों से ब्याह कर लिया था। पहले दूसरे दिन ही करतारो को "छल्लो की मां" कहकर बुलाने लगा था। एक दिन करतारो ने मुंह बिसूर कर उससे कहा था "सीधी तरह मेरा नाम लेकर बुलाया कर। मुझे हर समय "छल्लो की मां" "छल्लो की मां" सुनना अच्छा नहीं लगता।"

"नसीबों वालिये, मैं जो छल्लो का बाप हुआ फिर तू खुद ही बता तू छल्लो की मां ही हुई ना? मैंने कोई बुरा कहा क्या?" और बूढ़ा हुक्मचंद करतारो के कहने पर कई बार "सीधी तरह" उसको उसके नाम से ही बुलाने लगा था, मगर फिर भी भूल चूक से उसके मुंह से कभी निकल जाता था "छल्लो की मां।"

छल्लो उसकी बड़ी लाडली बेटी थी, उसका नाम उसने कौशल्या रखा था, मगर उसको प्यार से छल्लो कहता था। "छल्लो की मां" सुनकर करतारो मुंह बिसूर लेती और हुक्मचंद उसको हंस कर कहा करता था "पैदा कर दो न एक बेटा फिर मैं तुम्हें उसकी मां कहकर बुलाया करूंगा। भला क्या नाम रखोगी उसका? उसका नाम चन्नन रखना। फिर मैं तुम्हें आवाज़ दिया करूंगा "चन्नन की मां" और ये सुनकर करतारो चाहे मुंह को कितना भी सख्त करती, उसकी हंसी छूट जाया करती थी।"

लेकिन कई साल बीत गए, मगर हुक्मचंद करतारों को आवाज न दे

सका, "चन्नन की मां।" करतारो के घर कोई चन्नन पैदा ही न हुआ। हुक्मचंद या तो उसको 'सीधी तरह' करतारो कहता रहा या फिर कई बार उसके मुंह से निकल जाता था "छल्लो की मां।"

फिर देश का विभाजन हुआ। पश्चिमी पंजाब में रहने वाला हुक्मचंद पूर्वी पंजाब में आ गया यहां करनाल। हुक्मचंद ने जिंस रुपये पैसे के जोर पर करतारो की जवानी को अपने बुढ़ापे से बांधा हुआ था वो जोर टूट गया। पति-पत्नी के रिश्ते का धागा तो अभी भी उसी तरह था, मगर अब उस धागे को, जगह-जगह गिराहें लगानी पड़ती थीं, हुक्मचन्द के हाथों से पैसों की लाठी छूट गई थी इसलिए अब उसका बुढ़ापा कांपने लगा था।

"ऐ छल्लो की मां।" इस बार हुक्मचन्द ने जोर-जोर से आवाज़ दी।

"न छल्लो की मां ने मरना है और न तुमने उसको कफन देना है, बताओ क्या है?" करतारो दुपट्टे से हाथ पोंछती चौके से बाहर आई। मुंह से बुरे शब्द न निकाला कर। एक छल्लो की मां तो मर गई मेरी छम्मक छल्लो, बेचारी बगैर मां के हो गई। अब दूसरी को न मार। हुक्मचंद ने कहा।

"पहली को मैंने ही मारा था न जैसे, तेरी छम्मक छल्लो की मां को। न वो पहली मरती न ये दूसरी आती। वो खुद तो मर गई, जान छुड़ा गई और ये सूइयां मुझे निकालनी पड़ रही हैं।"

"तू सूइयां मत निकाला कर नेकबख्त।"

"तुझे और साथ तेरी लाठी जितनी लड़की को पकाकर खिलाती हूँ। ये मैं सूइयां ही चुभोती हूँ, तुम बाप बेटी के।" तुम क्यों मुश्किल में पड़ती हो करतारो ! मैंने कई बार कहा है कि अब लड़की खुद ही चार रोटियां पका लिया करेगी।

रोटियां पकाने की उसकी नीयत हो तब ना, जब चार टोकरियां लेकर जाती है, पूरा दिन बाहर गुज़ार आती है।

"मैंने तुझसे कितनी बार कहा है, अब उसको टोकरियां बेचने मत भेजा कर, जगह-जगह के मुसाफिर आते हैं जिनमें कोई खोटा कोई खरा, कल को कोई अच्छी-बुरी हो गई......।"

"मैंने तुझसे कितनी बार कहा है, छल्लो के भइया। ये मुझसे तब कहना जब चार पैसे कमाने लगो। चारपाई पर बैठकर बोलना आसान है, ..." और करतारो हिचकियां लेकर रोने लगी।

"सच्ची है करतारो मैं ये इससे किस मुंह से कह सकता हूँ, पैसे ने भी मुंह मोड़ लिया और मेरी हड्डियों ने भी। और अब ये चाहे मीठा बोले चाहे कड़वा दो रोटियां तो समय पर खिला ही देती है" हुक्मचंद का मन घबराने लगा। उसने खुद को संभाला और करतारो से कहा, मुझे जरा तेल में लहसुन के जवे जला दे। बैठकर घुटनों को मलता रहूंगा और साथ ही भगवान का वास्ता कि आज माश चनों की दाल न पकाना। ये ससुरी बादी, मेरी हड्डियों को खा रही है।

माश चनों की दाल क्यों, आज मांस भूनूंगी।

मांस, कसम से तुमने तो मेरे मन की बात जान ली। शायद मांस खाए एक बरस हो गया..... हर रोज़ जली हुई दाल...... मुझे हकीम भी कह रहा था "हुक्मचंद अगर सेहतमंद होना है तो चखनी पिया करो।" ये कहकर हुक्मचंद ने अपने घुटनों की तरफ देखा, जैसे हुक्मचंद के मुंह की जगह उसके घुटनों ने ही मांस का स्वाद लिया हो।

"हां, हां आज पीना चखनी, अपना सर काटकर उबाल दूंगी।"

हाय, हाय जब बोलोगी, ऐसा ही बोलोगी। मेरा भाग्य चार की जगह बीस टोकरियां बिक जाएं। छल्लो मेरी छम्मक छल्लो, बेटा आज मेरी बात रख लेना, बीस टोकरियां बेचना, पूरी बीस। और घर आते हुए कोने वाली दुकान से आधा सेर मांस लेती आना। जाओ बेटा जाओ मोटरों के आने का समय हो गया है। और देखना आते समय, प्याज, लहसुन, अदरक, हरी मिर्चें सब कुछ लेकर आना, वरना ये तुम्हारी मां ऐसे ही मांस पका देगी।

लगता था छल्लो अपने बाप की बात सुनकर हंसेगी...... मगर छल्लो सर झुकाए टोकरियां बनाती रही। "अगर किसी को टोकरियां खरीदनी हो तो वो भी इसका मुंह देखकर नहीं खरीदेगा, यूं गोले की तरह अपना मुंह बनाकर रखती है। करतारो के खौलते गुस्से ने जैसे हुक्मचंद का पीछा छोड़ दिया हो और छल्लो के पीछे पड़ गया हो।"

"क्या हुआ है लड़की के मुंह को जो हर वक्त तू उसे टोकती रहती है।" हुक्मचंद ने जैसे करतारो का गुस्सा अपने पीछे पड़वाना चाहा। मगर करतारो का गुस्सा इतनी जल्दी मुड़ने वाला नहीं था। वो उसी तरह छल्लो की तरफ देखते हुए कहने लगी, "जरा हंस कर किसी के साथ बात करो, वो एक की जगह दो चीजें खरीद लेता है। इतनी मोटरें यहां से गुजरती

हैं जिसके अंदर भी सामान होता है और बाहर भी। बहुत ज्यादा भरी हुई, उन लोगों से टोकरियां खरीद कर नहीं रखी जातीं? टोकरियों का भी कोई वज़न होता है, रंगीन टोकरियां..... मगर ये मुंह से भी कुछ बोले। जितनी देर वो मोटरों वाले बाहर खड़े होकर पानी पीते हैं, उतनी देर ये उनसे जरा मीठी बात करे। हंस कर बोले, फिर देखो कौन टोकरी नहीं खरीदता।''

''छल्लो सब कुछ इस तरह सुनती रही जेसे उसने अपने कानों में रूई नहीं, चीथड़े ठूंसे हों। पहले वो कई बार कह चुकी थी ''मां कोई नहीं खरीदता, अब ये टोंकरियां।'' लारी या बस वाला कोई खरीद भी ले, मगर ये मोटरों वाले तो टोकरी की तरफ देखते भी नहीं..... बल्कि पास जाओ तो खाने को दौड़ते हैं.....।'' ''हाथ न लगाना शीशे को, मैला हो जाएगा, दूर हटकर खड़ी हो'' मगर मां ने छल्लो की दलील कभी नहीं सुनी थी बल्कि जो गुस्सा उसे मोटरों वालों पर आना चाहिए था वो भी छल्लो पर ही आ जाता था। वो कहा करती थी ''तुझे बेचना भी आना चाहिए.... .. जरा हंसकर बात किया कर। तू कूज़े जैसा मुंह बनाकर खड़ी रहेगी तो तेरे से टोकरी कौन खरीदेगा।''

छल्लो ने सचमुच कई बार कोशिश की थी कि उसका मुंह कूज़े जैसा न बने और मोटर के शीशों के पास खड़ी होकर वो कितने दिन मुस्कुराती रही थी। मगर एक बार नहीं, पूरे तीन बार उसको, किसी न किसी मोटर वाले ने कहा था ''यूं ही दांत न निकाल, आजकल इन टोकरियों को कौन खरीदता है, कोई जाट गंवार लेते होंगे'' और छल्लो को लगने लगा था कि इस मुस्कुराहट से उसके दांतों को कीड़ा लग जाएगा। अब कई दिनों से छल्लो चाहे लाख जतन करती उसका मुंह कूज़े जैसा ही रहता था।

''वो खस्मखाना क्या नाम है उसका..... वो जो अखबार बेचता है. .... रत्ला.....। .....रत्ला, उसको देखकर तो इसके बोल खुद ही उमड़ पड़ते हैं। तब न जाने हंसने का कहां से सलीका आ जाता है।''

''करतारो यूं ही मुर्ग की तरह मिट्टी न उड़ा।'' हुक्मचंद ने उसे डांट कर कहा।

''तो क्या गलत बात कह रही हूँ? बीवी को शौक तो चढ़ा है इश्क करने का, मगर रांझे का घर दरवाज़ा तो देख लेती। टके-टके के अख़बार बेचता है, वो इसे कहां से खिलाएगा।'' करतारो की बात खत्म नहीं हुई थी, छल्लो की ओकरी खत्म हो गई थी और वो सर पर दुपट्टा लेकर

टोकरियों का ढेर उठाए बाहर मोटरों के अड्डे की तरफ चल दी।

"टके-टके के अखबार बेचता है।" मां की बात छल्लो के कानों में फुंसी की तरह दर्द करने लगी। मगर जब वो मोटरों के अड्डे पर पहुंची तो किसी गुजरती या खड़ी मोटर में अपनी टोकरी का ग्राहक ढूंढने की बजाए उसको ढूंढने लगी जो टके-टके के अखबार बेचता था।

"आज तू देर से आई है छल्लो।" रतन पीछे से आकर छल्लो के पास खड़ा हो गया।

"मैं....." छल्लो चौंक गई और फिर रतन को देखकर छल्लो को लगा कि अब उसका मुंह कूज़े जैसा नहीं रहा था। "मैं एक टोकरी बना रही थी...... ये देख आज मैंने इसमें लाल बूटे बनाए हैं, कितनी सुन्दर है ये टोकरी।"

'छल्लो'

'हां'

'टोकरी तू हमेशा से ही सुन्दर बनाती है लेकिन तेरा हर ऐरे-गैरे के पास जाकर टोकरी बेचना मुझे अच्छा नहीं लगता।'

"तू भी तो हर ऐरे-गैरे के पास जाकर अखबार बेचता है" छल्लो हंस पड़ी।

"मेरी बात और है छल्लो। मैं मर्द हूँ। मेरा अखबार चाहे कोई खरीदे या न खरीदे, मगर मुंह को कोई नहीं ताकता।" और मेरे मुंह की तरफ कौन देखता है? मेरा तो कूज़े जैसा मुंह है। छल्लो जोर से हंस पड़ी।

"यूं किसी अंजान आदमी के सामने न हंसना। टोकरी की जगह वो. .... ।"

और फिर छल्लो की हंसी बंद हो गई।

"क्या करूं रतिया। लोगों के सामने मेरा मुंह कूज़े की तरह बन जाता है और मां कहती है तू सब के साथ हंसा कर।"

"रतन ने छल्लो के हाथों से टोकरियां छीन लीं। मैं तुम्हें ये टोकरियां नहीं बेचने दूंगा। तू वहां चुपचाप बैठ जा। मैं आज सब अखबार बेच दूंगा।"

और फिर उन पैसों से तू मेरी टोकरियां खरीद लेगा। पहले भी तू कई बार इस तरह कर चुका है रतन। कितनी बार इस तरह करेगा? तूने घर में टोकरियों का अचार डालना है क्या?

"हां, हां मुझे टोकरियों का अचार डालना है, वरना किसी दिन तेरी मां तेरा अचार डाल देगी। वो एक लॉरी आई है, तू यहां ही ठहर। मैं अखबार बेच के अभी आता हूँ....." और रत्ना जल्दी-जल्दी टोकरियां छल्लो को पकड़ा कर उस लॉरी की तरफ चला गया।

छल्लो का भी दिल चाहा कि उसके पीछे-पीछे जाए उस लॉरी के पास तो शायद वहां कोई टोकरी का ग्राहक मिल जाए। लेकिन छल्लो से रतन का कहा टाला न गया। वो टोकरियों को एक तरफ रखकर एक बंद दुकान के तख्ते पर बैठ गई।

"तारा चंद नाम के एक आदमी ने छुरी लेकर अपनी औरत की नाक काट दी। बाईस साला हसीना की नाक काट दी। पूरी खबर पढ़िए....." दूर से रतन की आवाज आ रही थी।

लोग जल्दी-जल्दी रतन के हाथ से अखबार पकड़ते जाते थे। छल्लो की हंसी छूट रही थी..... "गरम..... गरम..... खबरें...... साइंस की नई ईजाद.......।"

कई बार रतन तिब्बत के दलाई लामा की और रूस के रॉकेटों की बातें सुनाया करता था...... मगर आज छल्लो की हंसी छूट रही थी...... ये भी कोई सुनाने वाली बात है? "किसी बेवकूफ ने अपनी खूबसूरत बीवी की नाक काट दी।"

ड्राइवर ने लॉरी का हार्न दिया। सब सवारियां दोबारा लॉरी में बैठ गईं और रतन जल्दी से छल्लो की तरफ लौट आया..... "आज मेरे कितने सारे अखबार पहली दूसरी लॉरी में ही बिक गए हैं।"

"तू तो सोचता होगा कि रोजाना कोई आदमी अपनी औरत की नाक काटा करे....." छल्लो हंस पड़ी।

"बीवी की नाक काटे, या अपनी अकल काटे, अखबार इस तरह की खबरों से ही बिकता है। देखा नहीं लोग किस तरह मेरे हाथों से अखबार छीन रहे थे।"

"रतन लोगों को ये मजेदार बात लगी, बीवी का पता नहीं कोई कुसूर था भी या नहीं.....।"

"लेकिन अगर हो भी तो उसमें कैसी मर्दानगी, अगर बीवी का दिल न जीता गया तो उसकी नाक काट दी।"

यूं लगता है जैसे ये खबर सुनकर उन लोगों के दिलों में भी, इस तरह

की मर्दानगी जाग उठी होगी। रतन हंसने लगा। दोनों शायद इसी तरह बातों में लगे रहते कि इतनी देर में एक और लॉरी आ गई और साथ ही एक दो कारें भी।

"मैं जरा एक फेरा लगा आऊं।" रतन ने कहा।

"मैं भी जरा मोटर में झांक आऊं, अगर कोई......।"

"नहीं छल्लो तू नहीं।"

"पागल मत बन रतन, इस तरह हाथ पर हाथ रखे बैठी रखूंगी तो ......"

"मैंने जो तुमसे कहा है कि मैं आज तेरी छः टोकरियां खरीद लूंगा। छम्मक छल्लो।"

और रतन ने प्यार से मुंह चिढ़ाया।

"नहीं रतन नहीं, रोज-रोज इस तरह नहीं। और आज बापू ने कहा था पूरी बीस टोकरियां बेचना।" कहते कहते छल्लो कार की तरफ चल पड़ी और रतन लॉरी की तरफ दौड़ पड़ा।

"आधा सेर मांस, प्याज़, लहसुन, अदरक....." छल्लो सोच रही थी। आज अगर वो अपने बापू के लिए ये सब खरीद कर ले जाए......

"इसका मुंह देखकर अगर किसी को टोकरी खरीदनी भी हो तो नहीं खरीदता। जरा हंस कर किसी से बात करे, तो अगला एक की जगह दो खरीद ले। ये कूज़े जैसा मुंह बनाकर खड़ी रहती है......" मां करतारो के सारे बोल छल्लो के कानों में फुनसियों जैसा दर्द करने लगे।

और फिर छल्लो ने कार वाले बाबू की तरफ देखते हुए सोचा..... भला अगर सामने कार में रतन बैठा हो, तो वो रतन को देखकर किर तरह खुश होगी और छल्लो को लगा कि अब उसका मुंह कूज़े की तरह नहीं था।

"बाबू ! बड़ी सुन्दर टोकरी है, छल्लो ने कहा।"

"कौन सी टोकरी?" बाबू ने गाड़ी में बैठे-बैठे पूछा और फिर कहने लगा "मुझे सिर्फ सोडा चाहिए, टोकरी- वोकरी नहीं चाहिए।" जाओ जरा सामने की दुकान से गिलास में सोडा डलवा लाओ।

"सोडा और बर्फ।" छल्लो ने सामने वाले दुकानदार को जाकर बाबू का संदेशा दे दिया और फिर गाड़ी की तरफ चल दी..... बहुत सुन्दर टोकरी है बाबू। बाबू ने टोकरी की तरफ न देखा। छल्लो को देखकर कहने

लगा, "टोकरी है तो बहुत सुन्दर।"

"खरीद लो न बाबू। सिर्फ छह आने......" और छल्लो ने बड़ी कोशिश की, कहीं उसका मुंह कूज़े की तरह न बन जाए।

सामने की दुकान का लड़का सोडा और बर्फ ले आया। बाबू ने अपनी गाड़ी में पड़ी हुई एक टोकरी खोली और फिर व्हिस्की की बोतल निकाल कर उसने कुछ व्हिस्की सोडे में मिलाई और घूंट-घूंट पीता हुआ छल्लो को कहने लगा.... सिर्फ छह आने? "हां बाबू छह आने, अगर दो ले लो तो दस आने।" "और अगर चार लें तो?"

"चार?" छल्लो अपनी उंगलियों पर पैसे गिनने लगी और साथ ही उसको ख्याल आया कि मां करतारो सच ही कहती थी कि अगर मैं हंसकर किसी की टोकरी खरीदने के लिए कहूँ......।

बाबू ने गिलास खत्म कर लिया था। खाली गिलास और सोडे के पैसे सामने दुकान वाले नौकर को देकर उसने गाड़ी स्टार्ट कर दी।

"और बाबू टोकरी?" छल्लो की उम्मीद बुझ गई।

"टोकरी तो मैं ले लूं, मगर मेरे पास छुट्टा नहीं।"

"मैं सामने किसी दुकान से नोट भुनवा लाती हूँ।" छल्लो ने जल्दी से कहा।

उन छोटी-छोटी दुकानों से छुट्टा नहीं मिलेगा। मेरे पास छोटा नोट कोई नहीं। सब सौ-सौ के हैं।

छल्लो ने उदास होकर टोकरी वाला बाजू पीछे कर लिया।

"बाहर वाली बड़ी सड़क पर पैट्रोल पम्प है, मैं पैट्रोल डलवा लूंगा और नोट भी भुनवा दूंगा।

छल्लो की आस जाग गई मगर वो कितनी दूर है मैं....."

"तुम वहां तक गाड़ी में बैठ जाओ। बड़ी खूबसूरत टोकरियां हैं.... मैं बहुत सी खरीद लूंगा और बाबू ने कार का दरवाज़ा खोल दिया। छल्लो के पांव रुक गए। लेकिन उसके बाप की ख्वाहिश उसके कदमों को खींच रही थी......" छल्लो, मेरी छम्मक छल्लो। बेटी आज तुम मेरी बात रख लेना। पूरी बीस टोकरियां..... और छल्लो जल्दी से कार में बैठ गई।

कार स्टार्ट हुई, चली, तेज़ हुई..... तेज़ हुई और फिर पक्की सड़क पर जाती कार धीरे से एक कच्ची सड़क की तरफ मुड़ गई।

"बाबू कहां है पैट्रोल पंप?" छल्लो ने आश्चर्य से पूछा और फिर

उसकी सांस बाबू की बाहों में दब गई। कुछ चक्कर छल्लो को आए और फिर उसके बाजू बाबू के बाजुओं से हार गए। पता नहीं किस समय छल्लो को होश आया। वो एक पेड़ की नीचे पड़ी थी और वहां कोई मोटर न थी। कोई बाबू नहीं था। छल्लो ने अपने कपड़ों की तरफ देखा। सामने पड़ी हुई टोकरियों की तरफ देखा। सब कुछ मिट्टी से लिथड़ा हुआ था।

टोकरियां छल्लो से उठाई नहीं गईं। उसकी टांगों ने बड़ी मुश्किल से उसका बोझ उठाया और वो कच्ची सड़क पर भारी कदम रखती हुई पक्की सड़क तक आई।

एक राह चलती लॉरी रुक गई "करनाल।"

छल्लो ने लॉरी को देखा फिर सर हिलाया "हां" और जब छल्लो से किसी ने पैसे मांगे तो छल्लो को होश आया कि उसके पास तो लॉरी का किराया नहीं है। "कल जेब में तीन चार आने थे" छल्लो को याद आया और उसने अपनी जेब में हाथ डाला। जेब में पैसे तो नहीं छनके, मगर एक कागज़ खड़का। दस का नोट था।

छल्लो के दिल में आया कि वो लॉरी से छलांग लगा दे, लॉरी से गिर कर मर जाए और ये नोट भी फट जाए।

कंडक्टर ने छल्लो को सोच में पड़ा देखकर खुद ही उसके हाथों से नोट पकड़ लिया, "किराया तो यहां से चार आने हैं, मगर मैं तेरा नोट भुना देता हूँ। और फिर उसने जितने पैसे छल्लो को वापिस पकड़ाए छल्लो ने जेब में डाल लिए।" अच्छी तरह गिन लो। कंडक्टर ने कहा मगर छल्लो जैसे खिड़की के साथ सर लगाकर सो गई थी।

लॉरी करनाल अड्डे पर खड़ी हो गई थी। कुछ सवारियां उतरीं, छल्लो भी उतरी और धीरे-धीरे अपने घर की गली की तरफ चल दी। गली के नुक्कड़ पर मांस की दुकान थी। छल्लो के पैर वहीं जम गए।

"आधा सेर मांस।" छल्लो ने धीरे से कहा और जेब से पैसे निकाले।

छल्ले ने घर जाकर जब चौके में मांस, प्याज, लहसुन और अदरक रखा तो उसकी मां करतारो ने पूछा "आज तूने कितनी टोकरियां बेचीं?"

"सब।" छल्लो ने धीरे से कहा और फिर वो नहाने के लिए बाल्टी भरने लगी।

"वो रत्ना आज आया था, तुझे ढूंढता हुआ।"

"अच्छा", छल्लो ने इससे आगे कुछ न कहा। मां ने भी कुछ न कहा

और छल्लो ड्योढ़ी में दरवाजा बंद करके नहाने लगी।

छल्लो जब नहा धोकर कपड़े बदलकर चौके में आई मां मांस भून रही थी।

"देखो आज घर बसा हुआ लगता है। जिस चौके में तड़के की महक न आए, कसम से वो....." छल्लो का बापू कह रहा था और फिर छल्लो की तरफ देखकर उसने बड़े प्यार से कहा "छम्मक छल्लो।" छल्लो ने चूल्हे की ओर देखा। चूल्हे का पूरा शरीर आग की तरह जल रहा था और ऊपर पतीले में छल्लो की मुस्कुराहट भुन रही थी।

"जाओ मेरी बेटी और नई टोकरियां बनानी शुरू कर दो। मैंने पत्ते पानी में भिगो छोड़े हैं।" जिस तरह आज करतारो ने छल्लो को बेटी कहा था, उस तरह पहले कभी नहीं कहा था।

आदेश से बंधी छल्लो मोंढ़े पर बैठ गई। उसने हाथ में पत्ते भी पकड़ लिए और सुआ भी। मगर उसको लगा आज से खेतों में टोकरियां बनाने वाले पत्ते नहीं उगेंगे। आज से रतन के बेचने के लिए अखबार भी नहीं छपेंगे.....।

और "एक बाबू ने एक लड़की को कत्ल कर दिया।" ये खबर भी कहीं नहीं छपेगी।

●

पांच कुंआरियां

ठीक पांच बजे एक चील आती थी, उन आंखों पर झपटती थी, और फिर उनके सामने पड़ा हुआ पनीर का टुकड़ा झपटकर ले जाती थी। उन सबकी आंखें रोजाना खराशें खातीं। "क्या वो आ गई?" उनमें से एक जल्दी से बरामदे में आकर पूछती "नहीं अभी आती होगी।" जो बरामदे में पहले आ चुकी होती, वो जवाब देती और साथ ही 'इन' वाले गेट की तरफ वो यूं देखतीं जैसे आंखों से उस गेट को बंद कर रही हों।

तीसरी चुपचाप बाहर सड़क को यूं देखे जाती जैसे हैरान हो रही हो कि उसने कल रात ख्वाब में एक सड़क तोड़ी थी, लेकिन ये आज फिर उसी तरह साबुत थी।

चौथी सड़क की ओर नहीं, पोर्च की उन सीढ़ियों की ओर देखती थी, जहां खड़े व्यक्ति का चाहे कुछ न दिखाई दे, मगर बूट दिखते थे। पांचवीं का कद थोड़ा सा छोटा था, उसको पोर्च में खड़े हुए व्यक्ति के बूट ही नहीं बल्कि उसके पतलून के पाईंचे भी दिखाई देते थे।

और फिर वो एक पल आकाश की ओर ऐसे देखतीं जैसे किसी थाने में वो इस हादसे की शिकायत दर्ज करवा रही हों और फिर 'उन' वाले गेट में एक मोटर आती, पोर्च में खड़ी नहीं होती, सिर्फ धीरे होती मालूम होती और फिर तेजी से 'आउट' वाले गेट से बाहर चली जाती।

दो मंज़िला इमारत के ऊपर वाले बरामदे में खड़ी तमाम लड़कियां एक बार ऐसे चौंक जातीं, जैसे कोई मोटर बाइक उनके साथ लगकर गुज़री हो और वो बाल-बाल बची हों।

और वो सब खाली पोर्च की ओर देखतीं जैसे यहां एक ऐक्सीडेंट हुआ हो।

हर रोज़ शाम के पांच बजे ऐसा ही होता था बस एक रविवार को

छोड़कर।

ये सारी कहानी अगर पुराने ढंग से शुरू करनी हो तो यूं कहना चाहिए "एक था दफ्तर, एक था बॉस और उसकी थीं पांच स्टैनो।"

दफ्तर बहुत बड़ा था, कई सैक्शन थे, और हर सैक्शन का बॉस था, लेकिन ऑफीशियल ज़बान में सैक्शन था तो वो, बॉस था तो वो......

वो जिस तरफ से निकल जाता हवा महक जाती। स्टाफरूम का टैलीफून खड़कता तो वो जिस स्टैनों लड़की को अपने कमरे में काम के लिए बुलाता वो लड़की धड़क जाती। फाइल कोई भी होती, लेकिन हर फाइल पर जैसे न दिखने वाले शब्दों में "अरजैन्ट" लिखा होता। आदेश अभी बॉस के होठों में होता और लड़कियां आदेश पूरा भी कर देतीं।

बॉस का अनऑफीशियल नाम "बादशाह सलामत" था और पांचों स्टैनो लड़कियों के लिए उनके नामों का कोई वर्ड था..... 'कोर्टडांसर्ज़।'

कोर्टडांसर के आदेश का पालन करने में सिर्फ उसकी कला ही नहीं होती, उसके कपड़े भी और उसका आचार व्यवहार भी शामिल होता है। हर स्टैनो लड़की बड़ी तैयारी करके दफ्तर आया करती थी। सादा सूती साड़ियों के बल उनके गिर्द मटक जाते। उनका उठना-बैठना, चलना-फिरना, एक सलीका बन जाता और बॉस के बुलावे पर जिस लड़की को भी बॉस के कमरे में जाना होता, एक बार वो अपने पर्स में पड़ा हुआ छोटा सा शीशा जरूर गौर से देखती, जैसे अपनी फाइल के काग़ज।

बॉस ने जिन काग़जों पर हस्ताक्षर करने होते, करता, आइंदा काम के बारे में बताता और फिर फाइल लड़की के हाथ में थमा देता। जब काम पूरा होने के बाद वो एक बार लड़की को देखता और कहता 'गुड' तो लड़की को वो दिन कामयाब मालूम होता। किसी लड़की की सर्विस को पांच बरस हो गए थे, किसी-किसी को सात बरस। न लड़कियों को दफ्तर से शिकायत थी, न दफ्तर को लड़कियों से, लड़कियों को अगर कोई खामोश या जबानी मुतालबा था, तो केवल ये कि उनको इस सैक्शन से कहीं और न भेजा जाए।

बॉस के काले बालों में उस साल सफेद बालों की एक लट आ गई थी, लेकिन लड़कियों के शब्दों में ये ग्रेस थी। बाकी उसके नाम उसी तरह वही थे - गिरीक ब्यूटी, ईटरनल यूथ, फीगर, लीविंग गौड़, ऐनजिल। ये एक जादू जो रोजाना सात घंटे लड़कियों के गिर्द लिपटा रहता था, लंच

आवर भी इसमें शामिल होता था क्योंकि एकसिसि वर्क को लड़कियां उसी समय में करती थीं। जब घड़ी की सुई पांच बजाने लगती थी तब इस जादू के टूटने का समय आ जाता था..... पूरे पांच बजे बॉस की पत्नी मोटर में आती थीं और बॉस को मोटर में बैठाकर अपने साथ ले जाती थी और काले रंग की मोटर लड़कियों को चील लगती थी।

शुरू-शुरू में लड़कियों ने मोटर के रंग को चील के परों के साथ जोड़ा था। लेकिन उनकी ये जबान "फाल्स कल्चर" की जबान लगती थी, फिर उन्होंने एक दूसरे के साथ बातें करते-करते सीधी जबान में उसे बॉस की बीवी के साथ जोड़ दिया था।

बीवी ठीक पांच बजे एक चील की तरह आती थी, सब लड़कियों की आंखों पर झपटती थी और उनके सारे दिन की मेहनत के साथ कमाया हुआ उनका हक छीन कर ले जाती थी।

उस हक को पहले उन्होंने पनीर के टुकड़े के साथ जोड़ा था, लेकिन एक दिन एक लड़की ने उसे वैजीटेरियन टॉक कहा था और उन सब ने उसको मांस के टुकड़े के साथ जोड़ दिया था। किसी लड़की ने दूसरी लड़की के सामने ये नहीं माना था कि बॉस की बीवी को चील और बॉस को मांस का टुकड़ा कहकर उनके शरीर में कुछ तीखा सा और गर्म सा मचल जाता है।

जादू रोज़ाना शाम को पांच बजे टूटता था। लड़कियां जब अपने-अपने घरों को जाने के लिए बस स्टॉप पर खड़ी होतीं, उन्हें अचानक थकान महसूस होने लगती थी। लेकिन ये जादू भी शायद सूरज की तरह था, रोज़ाना शाम को डूबता था, लेकिन रोज़ाना सुबह चढ़ता था। लड़कियां जब सुबह साढ़े नौ बजे बस स्टॉप पर आतीं तो उन्हें अचानक अपने आप में ताज़गी भरी महसूस होने लगती थी। जीवन का ये पैटर्न कहा या अनकहा सब लड़कियों ने स्वीकार कर लिया था कि अचानक एक हादसा हो गया, बॉस की बीवी मर गईं

लड़कियों ने खबर सुनी, एक दूसरे को सुनाई, फिर एक दूसरे से पूछी जैसे वो बता-बता कर और पूछ-पूछ कर इस खबर को पक्का कर रही हों।

बीवी पिछले एक हफ्ते से बॉस को लेने नहीं आ रही थी मालूम हुआ था बीमार है, लेकिन लड़कियां रोज़ाना पांच बजे सड़क की तरफ यूं देखती थीं जैसे कि वो अभी आई। अब मृत्यु की खबर सुन ली थी, लेकिन

लड़कियों को विश्वास नहीं हो रहा था, वो अब भी पांच बजे सड़क की ओर देखती थीं, उन्हें लगता था, वो अभी आई।

कुछ दिन और बीत गए और लड़कियों को विश्वास होने लगा कि वो सचमुच मर गई थी। मोटर अब सारा दिन नीचे खड़ी रहती थी। पांच बजे वो कमरे से निकलता था, सीढ़ियां उतरता था, लेकिन पोर्च में खड़ा नहीं होता था, बाहर कोने में खड़ी मोटर में बैठता था और फिर चला जाता था।

लड़कियां अब भी रोज़ाना पांच बजे बाहर बरामदे में खड़ी होती थीं। चुपचाप एक दूसरे को विदा करती थीं। लेकिन वर्षों से बना हुआ जीवन का ये पैटर्न जो अभी भी बाहर से उसी तरह दिखाई देता था, अंदर से बिल्कुल टूट गया था।

"रोजाना चील की तरह उड़ती आती थी, हमारी आह लग गई" ऐसे मजाक कुछ दिन चलते रहे थे। फिर ये भी खत्म हो गए।

और लड़कियों को जो आज तक कभी नहीं लगा था, अब लगने लगा था कि उनको जलन और किसी से नहीं बल्कि एक दूसरे से थी।

अब अगर एक लड़की बॉस के कमरे में होती तो दूसरी लड़कियों को लगता जैसे समय बीत ही नहीं रहा है। और जब कोई लड़की बॉस के कमरे से बाहर आती तो बाकी चारों उसे ऐसे देखतीं जैसे उसकी कोई चोरी पकड़ लेंगी।

पांचों जब सुबह दफ्तर में आतीं, एक दूसरे को देखतीं तो हर एक को यही लगता कि दूसरी आज पहले से ज्यादा स्मार्ट बनकर आई है।

"ये साड़ी तुमने कब खरीदी?"

"ये तुम्हारा पर्स मैंने पहले कभी नहीं देखा।"

"इस तुम्हारे ब्लाउज़ में कपड़ा मुश्किल से आधा मीटर लगा होगा कमर वाली तरफ तो कपड़ा है ही नहीं, सिर्फ एक हुक है।"

पहले से ज्यादा वो एक दूसरे की तारीफें करतीं कभी किसी के हेयरकट की, कभी किसी की ब्लाउज़ की लेकिन शब्दों की मिठास में कड़वाहट घुली होती.....

"डॉन्ट वरी आई विल नॉट हुक हिम।' कभी वो तीखा सा जवाब दे देती जिसके ब्लाउज़ की दूसरी ने तारीफ की थी। ब्लाउज़ के हुक वाली बात बॉस को हुक करने तक खुद ही पहुंच जाती.....

"डॉन्ट बी एंगरी डियर डैविल" दूसरी कभी हंस देती और कभी जवाब में कहती "हाय मैं मर जाऊं इस भोलेपन पर।" माहौल गरम हो गया था, कभी अंदर से जला हुआ भी लगता था लेकिन बाहर पहले से अधिक चमक थी।

लड़कियां चमक गई थीं, कपड़ों में भी और तीखी जबान में भी। काम वो पहले भी करती थीं लेकिन अब तो जैसे उन्हें काम करने का भूत चढ़ गया था। पहले वो बॉस को खुश करने के लिए काम करती थीं, अब वो एक दूसरे को नीचा दिखाने के लिए काम कर रहीं थीं।

लेकिन इस तरह सिर्फ छह महीने बीते कि एक खलबली से मची और फिर गर्म माहौल पर पानी पड़ गया। बॉस ने एक अंग्रेज लड़की से शादी कर ली थी।

लड़कियों के हाथों में पकड़ी हुई फाइलें, कॉपी और फाइलों के लाल, हरे और पीले रंग मेज़ पर सियाही की तरह गिर गए। एक दिन फिर शाम के पांच बजे एक कार आई, पोर्च में खड़ी हुई, सुनहरी बालों वाली एक लड़की कार में से उतरी, उसने बॉस के हाथ में हाथ डाला और कार में बैठकर कार चला दी।

"दिस टाइम इट इज़ ए फॉरन कल्चर" एक लड़की ने धीरे से कहा लेकिन किसी ने हां में हां नहीं मिलाई। सबको लगा कि आज हां में हां भरने के लिए भी उनमें जान नहीं थी।

धीरे-धीरे सीढ़ियां उतरती हुई वो बस स्टॉप की ओर बढ़ गईं। आज उन सबको लग रहा था जैसे वो बूढ़ी हो गई हैं।

●

चांदनी रात

शम्मी मेरी छोटी बहन का नाम था। वो सिर्फ 24 घंटों के लिए मेरी बहन थी। कल शाम उसने मेरे साथ ये रिश्ता जोड़ा था और आज दोपहर यानि अभी जब मैंने डॉक्टर सेन के अस्पताल फोन किया था तो कोई कह रहा था ''शम्मी?'' कौन श्यामा? अच्छा तो आप मिसेज़ राजेश के बारे में पूछ रही हैं...... मिसेज़ राजेश का तो देहान्त हो गया है..... यही कोई एक घंटा हुआ..... ।

कल का यही वक्त था, दोपहर का, जब मेरे टेलीफोन की घंटी बजी थी और किसी ने पूछा था ''51594''

'जी हां'

'अमरित प्रितम'

'जी हां

'दीदी'

''मैंने पहचाना नहीं''

''आप नहीं पहचान सकतीं दीदी। आप मुझे नहीं जानतीं। मेरा नाम श्यामा है, मगर आप मुझे शम्मी कह कर पुकारें। मैं बहुत पहले से आपको अपने मन में दीदी कहकर पुकारती रही हूँ।''

'शम्मी'

''यहाँ मैं एक अस्पताल में हूँ, डॉक्टर सेन के अस्पताल में कमरा नम्बर 32। दीदी एक बार आकर मिल जाओ, आज मैं बड़ी मुश्किल से डॉक्टर साहब से आज्ञा लेकर कमरे से बाहर आई हूँ। सोचती थी कि किसी और के बुलाने पर शायद आप न आएं। आप जरूर आएं दीदी.. .... नहीं कल नहीं दीदी। आज ही आएं, क्योंकि जिन्दगी के पास कई बार ''कल'' की भी मोहलत नहीं होती।''

"अच्छा मुलाकात का वक्त क्या है।"

"साढ़े चार से साढ़े सात तक।"

"कमरा नम्बर 32...... अच्छा शम्मी मैं आऊंगी।"

जरूर आना दीदी, मैं आप से बातें करने के लिए कमरे में अकेली ही रहूंगी। और जब मैंने पांच बजे शम्मी के कमरे में कदम रखा, तो शम्मी ने बिस्तर से अपने दोनों बाजू फैला कर कहा था "दीदी"।

ऊपर वाला जाने शम्मी के होठों पर क्या था कि उसने सिर्फ एक शब्द कहकर मेरे साथ ये नाता जोड़ लिया था। जब मैंने आपका नावेल 'डाक्टर देव' पढ़ा था तो मुझे लगा जैसे मैं ही ममता हूँ और आपने मेरी कहानी लिखी है।

फिर मैंने 'घोंसला' पढ़ा और मुझे महसूस हुआ कि मैं ही नैना हूँ और आपने......

शम्मी का गला रुंध गया।

"तुम्हें तकलीफ क्या है शम्मी?"

"जिंदगी ने मुझसे मज़ाक किया है दीदी। लगातार पांच साल से उसके जुल्म सह रही हूँ...... और अब थक गई हूँ...... अब और सितम......

शम्मी"

"जब मैंने मुहब्बत का सबक पढ़ना शुरू किया तो ज़िंदगी ने मेरे सामने दो किताबें रख दीं। एक जिन्दगी का फलसफा थी, जिन्दगी का ज्ञान थी, जिन्दगी का हल थी, दूसरी में दिलचस्प कहानियां थीं और कुछ रंगीन और मुस्कुराती तस्वीरें। पहली किताब मुझे मुश्किल नज़र आई और मैंने जिन्दगी का वेद अलग रख दिया और दूसरी किताब के रंगीन चित्रों में खो गई। जब दिल का कहा समझना शुरू किया तो मुझे मेरी कहानियां सुख न दे सकीं और फिर जब मैंने पलट कर जिंदगी के वेद को छूना चाहा तो जिंदगी ने वेद मेरे हाथों से छीन लिया।"

'शम्मी'

क्या भगवान की लीला है। पिरथी भी हमारे कालेज में पढ़ता था और राजेश भी। पिरथी के पास खड़े होकर जब मैं उसके गंभीर और गहरे चेहरे को देखती तो मुझे अपना आप बहुत छोटा मालूम होता। मैं जिंदगी के इस फलसफे के सामने बिल्कुल अंजान और बेमानी सी दिखाई देती।

लेकिन जब मैं राजेश के साथ होती तो उससे रूठ भी जाती थी और मान भी जाती थी। मगर पिरथी को देखकर मेरे मन में उसके लिए सम्मान का जो भाव जन्म लेता, मैं उसे बता तक न पाती थी। मेरी शादी में कोई दिक्कत नहीं थी, मेरे मां-बाप ने मुझे आज्ञा दे रखी थी कि मैं जिसे चाहूँ, उसे अपने लिए चुन लूँ और मैंने राजेश को चुन लिया।

'फिर?'

अभी हमारी शादी में एक महीना बाकी था कि पिरथी ने एक दिन मुझसे कहा कि एक दिन के लिए मैं उसके साथ पिंजौर के मुगलबाग चलूँ। जहां तक उस पर विश्वास का प्रश्न था, मुझे उस पर पूरा विश्वास था। उसने कहा था कि ये उसकी पहली और आखिरी ख्वाहिश है। मैं उसे दुखी नहीं करना चाहती थी मैंने हां कर दी......।

'फिर शम्मी'

"पिंजौर से कोई दस मील की दूरी पर खजूर के पेड़ों का जंगल आता है जहां ड्राइवर ने कुछ देर के लिए गाड़ी रोक ली क्योंकि इंजन गर्म हो गया था। वहां बस खजूर के पेड़ ही पेड़ दिखाई देते थे। इस जंगल ने मुझे जाने किस नशे से भर दिया। सड़क की बाईं तरफ एक कच्चा मकान था, जिसके आंगन में एक सुन्दर स्त्री थी जिसके सर पर गोटा किनारी लगी ओढ़नी थी। वो मिट्टी से लिपे आंगन में लाल मिर्चें सूखने के लिए फैला रही थी। अपनी बाहें फैलाकर जब वो मिर्चें बिखेरती थी तो उसका लाल चूड़ा खनकता था। चौखट के पास पड़ी चारपाई पर एक नौजवान बैठा हुक्का पी रहा था। कश लेते हुए उसने महिला को पुकारा और वो दतपने में अंगारे लाई। चिलम फिर सुलग उठी..... न जाने कौन सी चिनगारी मेरे दिल में उड़कर आ गई थी या उसके चूड़े की झंकार थी या उस आंगन में सूखने के लिए डाली मिर्चें या खजूर के पेड़ों का जादू......। मैंने देखा मैं गोटे किनारे वाली ओढ़नी सर पर ओढ़े हुए हूँ, मेरी कलाइयों पर सुहाग का लाल चूड़ा है और मैं लाल मिर्चें आंगन में फैला रही हूँ...... सामने खाट पर पिरथी बैठा हुक्का गुड़गुड़ा रहा है उसने मुझ से आग मांगी है.......।"

'फिर?'

"ड्राइवर ने कार स्टार्ट की, मैंने खुद को संभाला। दस मील का फासला मिन्टों में तय हो गया। पिरथी ने पहले ही से दो कमरे बुक कर रखे थे। सामान कमरे में रखकर मैं खिड़की में आ खड़ी हुई। कमरे की

एक खिड़की पाईं। बाग के बराबर में खुलती थी। एक मंजिल सबसे ऊपर दूसरी उससे कम, तीसरी उससे नीचे। बाग की सात मंज़िलें थीं। इन सातों मंज़िलों पर आम और लीचियों के पेड़ थे। गहरे गुलाब और चांदनी जैसे रंगारंग फूल चटक रहे थे। मुझे उनके जादू से डर लगने लगा।''

ड्राइवर ने स्टोव जलाकर चाय तैयार की और एक-एक,प्याली पी कर मैं और पिरथी कौशल्या नदी का दृश्य देखने चले गए। नदी कोई एक मील की दूरी पर थी। पगडंडी से नीचे उतर कर जब हम नदी किनारे पहुंचे तो पानी की सुन्दरता ने मुझे अपनी ओर खींचा। मैंने पिरथी से कहा ''मैं नदी में नहाऊंगी।'' तीन ओर ऊंची पहाड़ियां थीं जिनमें घिरी कौशल्या नदी बह रही थी। सामने हरी-हरी सीढ़ियों की शक्ल में फैले हुए खेतों का कभी न खत्म होने वाला सिलसिला था। कुछ दूरी पर आमों का एक झुंड था। पहाड़ की एक चोटी पर बूढ़ी पहाड़न बकरियां चरा रही थी। नदी रेतीली और पथरीली दीवार के साथ सिमट कर चल रही थी। इसलिए चंद कदमों के फासले भी ओट दे देते थे। पिरथी दूसरी ओर चला गया और मैं लापरवाही से नदी में नहाने लगी। जब मैं नहा रही थी तो......।

'हां शम्मी'

मेरी कलाइयों पर कांच की लाल चूड़ियां थीं। पानी में डूबी हुई अपनी बाहें मुझे पहली बार अच्छी लगीं। चूड़ियों का लाल रंग मुझे शगुन का रंग लगा। ये शायद पहला अवसर था दीदी जब मेरे अन्दर कहानियों की किताब को एक तरफ रखकर जिन्दगी का वेद पढ़ने की ख्वाहिश ने सर उठाया।

''दूसरी बार शम्मी......। पहली बार तब थी जब तुम खजूरों के जंगल में..... सर पर गोटे किनारी की ओढ़नी लिए कच्चे आंगन में मिर्चें फैला रही थीं और पिरथी खाट पर बैठा हुक्का पी रहा था।''

''हां दीदी, पहली बार वही थी और दूसरी......''

''फिर.......''

''साए ढल चुके थे - मैं नदी से बाहर आ गई, अपना बदन सुखाया, कपड़े पहन कर पिरथी को ढूंढने लगी। रेत के पथरीले किनारे पर बैठे हुए मैंने उसे पाया। वो नहा चुका था लेकिन अभी तक उसने पूरी तरह कपड़े नहीं पहने थे। वो एक बड़ी चट्टान पर बैठा सिगरेट पी रहा था।''

सूरज की आखिरी किरनें उसकी पीठ को रौशन कर रही थीं, ये

रोशनी मेरी आंखों को चुंधिया रही थी मैंने आंखें झुका लीं..... मुझे देखकर उसने कपड़े पहन लिए.......। फिर हम पहाड़ पर जाने वाली पगडंडी पर हो लिए। रास्ते में बकरियां चराने वाली पहाड़न ने मुझसे पूछा था कि मैंने देवी के स्थान पर क्या चढ़ाया था और क्या मुराद मांगी थी? लेकिन मैं तो अपने आप में गुम थी, न ही किसी स्थान को देखा था न ही कोई मुराद मांगी थी। मैं हंस कर चल दी। सच कहूं...... मैं पढ़ी लिखी हूँ, कभी किसी वहम का शिकर नहीं हुई थी, न जाने उस समय मुझे क्या हुआ, मुझे लगा जैसे मेरी कोई मुराद कभी पूरी नहीं होगी।

"फिर शम्मी?"

ड्राइवर ने खाना तैयार कर रखा था। हमने खाना खाया और फिर मैं और पिरथी बाग में बैठकर पहाड़ियों की ओट से चांद निकलने का दृश्य देखने लगे। पेड़ चांद की रोशनी में चमक रहे थे। मैं पिरथी के कुछ कहने का इंतजार कर रही थी। मगर वो चुप रहा..... एक ओर तेज़ी से बहते पानी का झरना था, फव्वारे थे..... हम दोनों इनके पास खड़े होकर पानी की बूंदों का मजा लेने लगे..... हल्की सी कंपकंपी मेरे पूरे शरीर में फैल गई। पिरथी मेरे पीछे खड़ा था। मेरा दायां कंधा उसके सीने से छू गया तो मेरे शरीर में नर्म-नर्म गरमी फैल गई। सामने पत्थर की दीवार में दिए जलाने के लिए छोटे-छोटे ताक बने हुए थे। कह नहीं सकती कितने होंगे। सौ से कम तो क्या होंगे। मुझे लगा कि पिरथी के शरीर की गरमी मेरे कंधे में समाकर मेरे दिल की आंच बन गई है और इस आंच के सामने के ताक में रखे दिए अपने आप जल उठेंगे...... दीदी...... दीदी.....।

"हां शम्मी......"

मेरे जी में आया कि जो आग मुझे जलाए जा रही है उसकी बात मैं न करूं, पिरथी करे। मगर वो कुछ नहीं बोला। उसका चेहरा बेअसर था। मैं अपनी आग में जलने लगी...... देर रात हम बाग़ से लौटे और अपने-अपने कमरों में सोने के लिए चले गए.....।

"दीदी...... उसे रात मैंने न जाने क्या-क्या सपने देखे। मैंने देखा ये बाग मेरा है, मैं मुग़ल शहज़ादी हूँ और रात को अकेले इस बाग़ में घूम रही हूँ। पौधों को मैं अपने हाथ से छू रही हूँ, लाल गुलाब को तोड़कर मैंने अपने बालों में लगाया है..... फिर झरनों के पास खड़ी होकर मैं खाली ताकों पर दिए जला-जला कर रखने लगी हूँ। एक दिए की लौ दूसरे दिए

से छूती गई है और फिर झरने की ओट में पत्थर के ताकों में कोई सौ दिए जल उठे है कि तभी किसी ने मेरे कंधे पर हाथ रखा है। पानी की फुहार से कंपकंपाते जिस्म में गरमी की लहर दौड़ गई है। मैंने पलट कर देखा तो पिरथी एक मुगल शहजादा बना मेरे सामने खड़ा है जिसकी सांस मेरे होंठों को छू रही है।"

"खुशी से मेरी नींद खुल गई, मेरे पैर चलने के लिए बेताब्र हो गए, मैं पिरथी के कमरे की ओर जाने लगी ताकि अपना सपना उसे बता सकूं और फिर उससे कहूँ कि अगर वो मेरे इस सपने को सच्चाई में बदल दे तो फिर मुझे दुनिया में कुछ नहीं चाहिए।"

'फिर शम्मी?'

मैंने सुबह का इंतजार किया, लेकिन सुबह तक जिन्दगी मुझसे अपना खेल खेल चुकी थी, मुझे धोखा दे चुकी थी। पिरथी मुझे कहीं न मिला। मैंने उसका कमरा, बरामदा, बाथरूम और बाग का कोना-कोना छान मारा। ड्राइवर ने मुझे बताया '"साहब आधी रात को चले गए और मैं उन्हें कालका तक छोड़ के आया हूँ। वहां उन्होंने दूसरी टैक्सी ली थी...... अब आप जब कहें देहली ले चलूंगा, गाड़ी बाहर खड़ी है।' आसपास की सब दीवारों के पत्थर मेरे पैरों से बंध गए। कितनी देर बाद जब मैं पैकिंग करने लगी तो देखा तकिये के नीचे पिरथी का एक खत रखा है, खत नहीं बल्कि दो लाइनें कहना चाहिए।

चुकता न कर सकूंगा, अपना हिसाब तुझसे।

ये रात चांदनी जो मैंने उधार ली है.....

"शम्मी! कैसा होगा तेरा पिरथी? ऐसी गंभीरता इंसानों में नहीं देवताओं में पाई जाती है।"

"इसी गंभीरता ने तो मुझे कहीं का नहीं छोड़ा दीदी।"

"फिर शम्मी?"

"मैं दिल्ली लौट आई लेकिन मुझे पिरथी का कुछ पता न चला। न उसके घर वालों को कुछ पता चला न मुझे। एक बरस बीत गया सब ने सोच लिया कि वो अब जिंदा नहीं है..... मैंने जिंदगी से समझौता किया और राजेश से शादी कर ली।"

अब एक बरस हुआ कि मैंने पिरथी की फोटो अखबार में देखी। लंदन में उसके गीतों का अनुवाद छपा है। उसका नाम अब दुनिया के बड़े

कवियों की सूची में आता है। मगर वो रात जो उसने मुझसे उधार ली थी और कहा था कि उसका हिसाब उससे कभी भी चुकाया न जा सकेगा। अब वही हिसाब मुझे चुकाना पड़ गया है। मैं जिन्दगी के साथ उनका हिसाब चुका नहीं सकती थी। इसलिए मौत के साथ अब वो हिसाब चुकता करूंगी।

"नहीं शम्मी, जिंदगी के साथ हिसाब चुकाना ही बहादुरी है..... ये हिसाब मौत से नहीं चुकाया जा सकता। जिंदगी मौत से कहीं मुश्किल है शम्मी।"

"मगर अब थक गई हूँ दीदी, दोनों फेफड़े बेकार हो गए हैं..... किन होंठों से उसको पुकारूं?"

"आज रात पांच साल पहले का सपना फिर आया, वही बाग़ है, वही झरना है, मैं उसी तरह मुग़ल शहजादी हूँ। पत्थरों के ताकों पर मैंने दिए रौशन किए हैं मगर पिरथी नहीं है। फिर तूफान आया, मेरे सब दिए बुझ गए, घोर अंधेरा छा गया, बहुत घोर.....।"

"मुझसे बर्दाश्त न हो सका दीदी..... पिरथी को मेरा सपना बताने वाला कोई नहीं था। जब मैं उसे बताने चली थी तब वो उसे सुनने से पहले ही चला गया और अब मैं भी वही सपना देखते-देखते जाने वाली हूँ।"

"नहीं शम्मी, यूं नहीं करते......" मेरी आंखें डबडबा आईं।

"दीदी ! आप मेरी दीदी बन जाओ, बड़ी दीदी।"

"शम्मी" मुझसे बोला नहीं जा रहा था।

सब मुझे श्यामा कहकर पुकारते हैं, एक पिरथी मुझे श़म्मी कहता था। मेरा दिल चाहता है कि आप मुझे शम्मी कहकर पुकारें। पिरथी और आपके अलावा मैं किसी की शम्मी नहीं हो सकती।

"शम्मी।"

"दीदी आपने किसी ममता का अफसाना लिखा था, किसी नैना की दास्तान लिखी थी। अब इस अभागी की कहानी भी लिख देना। शम्मी का वो सपना भी लिख देना जिसे पिरथी ने कभी न सुना और उससे कहना कि शम्मी के जीवन में चांदनी रात सिर्फ एक बार आई थी।"

मैं कल सात बजे शम्मी के माथे को चूमकर उसे तसल्ली देकर आई थी। यही शाम हो चली थी जब उसने मुझे दीदी कहा था। उसके दीदी

कहने में न जाने कैसा जादू था कि उसने ये शब्द कहकर मुझसे इस रिश्ते की पक्की गांठ बांध ली थी। अभी पूरे 24 घंटे भी नहीं होने पाए थे कि वो जिंदगी के सारे रिश्ते नाते तोड़कर चली गई थी। अस्पताल से मेरे फोन का जवाब आया था "शम्मी?" कौन श्यामा? अच्छा आप मिसेज़ राजेश के बारे में पूछ रही हैं...... मिसेज़ राजेश की तो मृत्यु हो गई ..... यही कोई एक घंटा हुआ।

शम्मी ने सबसे अपने रिश्ते तोड़ लिए हैं मगर जिन दिलों से उसने प्यार की डोरी बांधी, उन दिलों में वो हमेशा जिंदा रहेगी...... दुनिया वालों की श्यामा मर गई है। लोगों की मिसेज़ राजेश गुजर गई है। मगर मैं ये नहीं मान सकती कि मेरी शम्मी का देहान्त हो गया है। शम्मी अपनी दीदी की कहानियों में जिंदा रहेगी। शम्मी अपने पिरथी के गीतों में ज़िंदा रहेगी।

दर्द के फासले

पहली से लेकर आठवीं कक्षा तक बिनती हमारे साथ पढ़ती रही। जब वो पांचवीं में थी तो उसका बाप नाम कटवाने के लिए आ गया था। हमारे स्कूल की बड़ी अध्यापिका ने बिनती की फीस माफ कर दी मगर उसे स्कूल से उठने न दिया।

हमारे स्कूल में सातवीं और आठवीं कक्षा की लड़कियां यूं तो एक ही कमरे में बैठती थीं। मगर आधी छुट्टी के समय आठवीं कक्षा की लड़कियां हम सातवीं वालियों को अपने पास भी न फटकने देतीं। वो हमसे अलग-थलग रहतीं और कोनों खुदरों में घुस-घुस कर न जाने क्या बातें किया करतीं। हम सब उनके पास जातीं तो हमें धक्के दे देकर भगा देती थीं। हमें उन पर बड़ा गुस्सा आता और हम सोचतीं जब हम आठवीं कक्षा में जाएंगी तो सातवीं कक्षा वालियों के साथ कभी ऐसा नहीं करेंगी।

लेकिन गर्मी की छुट्टियों के बाद जब स्कूल खुला और हम आठवें दरजे में पहुंच गईं तो हमारी सारी की सारी सोच धरी की धरी रह गई। उम्र का तेरहवां चौदहवां साल न जाने कैसा होता है। शायद ये बचपन और जवानी के बीच की दहलीज़ होती है, इस साल लड़कियों का एक पैर दहलीज़ के इस ओर और दूसरा उस ओर होता है।

उस साल गर्मियों की छुट्टियों में बिनती के पड़ोस में रहने वाला एक लड़का उसे गणित के सवाल समझा रहा था। अब हर रोज़ आधी छुट्टी के समय बिनती कोनों खुदरों में घुस-घुस कर हमसे उसकी बातें किया करती थी। अब हम आठवीं की लड़कियां आधी छुट्टी के समय सातवीं की लड़कियों को पास भी न आने देतीं।

जिस दिन बिनती उसकी कोई बात न बताती हमें यूं लगता जैसे आज आधी छुट्टी हुई नहीं। "मेरा तो उससे यूं ही हंसी मज़ाक है

पगलियों। मुझे उससे क्या लेना है या उसे मुझसे क्या लेना है।'' बिनती हमें ये कहकर टालने लगी। बिनती लाख टालती मगर उसके चेहरे से पता लग जाता था कि हंसी मजाक अब उसकी जान को लग गया है। इसीलिए तो बातें करते-करते उसकी जबान सूख जाती थी और वो ज्यादा नहीं बोल सकती थी।

पगली ने एक दिन अपने हाथ में पैंसिल ली और गणित की किताब पर ज्यादा नहीं तो बीस जगह उसका नाम लिखा होगा..... राजू...... राजू। टीचर ने उसकी किताब देख ली, कक्षा में तो उससे कुछ नहीं कहा मगर जब आधी छुट्टी हुई तो बिनती को बुला भेजा। हम सब के मुंह उतर गए। बहुत देर बाद जब बिनती बाहर आई तो रो रोकर उसकी आंखें लाल हो गई थीं। पुस्तक पर जितनी जगह बिनती ने राजू का नाम लिखा था टीचर ने सब मिटा दिया था।

आठवीं कक्षा जब सालाना इम्तिहान के किनारे लगी तो किश्ती की सवारियों की तरह हम सब लड़कियां बिखर गईं। हमारा स्कूल आठवीं तक ही था। हममें से ज्यादातर लड़कियां नवीं कक्षा में दाखिल हो गईं। मगर अलग-अलग स्कूलों में। बिनती सिलाई के स्कूल में चली गई।

कई साल बाद मेरे पास शादी कार्ड आया और लड़कियों के पास भी गया होगा। मैंने जल्दी से कार्ड पर लड़के का नाम पढ़ा लिखा था कर्मचन्द। राजू की जगह कार्ड पर कर्मचन्द का नाम जरूर था लेकिन फिर भी ये शादी का कार्ड था और हर शादी पर मुबारकबाद का दस्तूर है। मैं भी बिनती की शादी पर गई और मैंने बिनती को बधाई दी।

मैं बिनती से उस हंसी मजाक वाले प्यार के बारे में कोई बात नहीं करना चाहती थी मगर वो खुद मुझे कोने में ले गई।

मेरी एक चीज संभाल कर रखोगी।

''क्या है?''

''एक रूमाल है।''

ये पूछने की जरूरत न थी कि रूमाल किसका है। रूमाल राजू का ही हो सकता था।

''मगर ये कौन सी बड़ी बात है। रूमाल कहीं तुम अपने सामान में रख लो।''

''मगर उसके कोने पर उसका नाम लिखा है।''

"तो क्या हुआ? किसी को क्या मालूम कि ये किसका है।"

"अगर सिर्फ राज लिखा होता तो पूछने पर मैं कह देती कि मेरी एक सहेली का नाम है। मगर यहां तो राजू लिखा है। राजू तो लड़कियों का नाम नहीं होता।"

"कैसे लिखा है?"

"उसने एक दिन पैंसिल लेकर लिख दिया था और मैंने काढ़ दिया।"

"तो क्या हुआ, धागा उधेड़ लो।"

"उधेड़ दूं? ये तो मुझे ख्याल ही न आया।"

फिर बिनती ने एक लम्बी सांस ली और कहने लगी। तुम्हें याद होगा एक दिन हमारी टीचर ने रबड़ लेकर मेरी किताब पर से उसका नाम मिटाया था? आज मैं भी उस तरह उसका नाम मिटा दूंगी।

"मेरा दिल भर आया।" बिनती ने मेरे सामने एक संदूक में से लाल रेशमी रूमाल निकाला और फिर सूई से राजू का नाम उधेड़ दिया। उसी प्रकार की एक सूई लिए जिससे उसने राजू का नाम काढ़ा था बिनती की किताब पर से उसकी टीचर ने राजू का नाम मिटाया था। ब्याह के कार्ड पर राजू का नाम समाज ने न लिखने दिया और बिनती के मेंहदी वाले हाथों ने रूमाल पर से उसका नाम मिटा दिया।

"चलो छोड़ो उन बातों को, हम खुद तो कहते थे कि यूं ही हंसने बोलने का एक रिश्ता है।"

"सोचा तो यही था मगर ये हंसना बोलना मेरी हड्डियों में रच गया और नाखूनों तक असर कर गया। बिनती की आंखें डबडबा आईं।"

"सुना है तुम्हारे ससुराल वाले बड़े खाते पीते लोग हैं। तुम्हारे करम अच्छे हैं। उसका नाम भी कर्म......, मैंने बातचीत का रुख राजू की ओर मोड़ा।"

"कभी नाम से भी किस्मत बदलती है?" बिनती ने सिर्फ इतना कहा। "खत तो लिखा करोगी ना? सेठानी बन के हम सब को भूल तो न जाओगी।"

"क्या भूलना अपने बस में होता है।" बिनती ने एक लंबी सांस ली।

"उस वक्त भी शायद उसके मन में सहेलियों का नहीं सिर्फ राजू का ख्याल था।"

"राजू को चाहे तुम भूल जाओ चाहे याद रखो मगर तुम उसे खत

तो न लिख सकोगी।"

"अरी हमें ही कभी-कभी लिख दिया करना, चाहे खत राजू की बातों से भर दिया करना।"

"अच्छा कभी-कभी दिल की भड़ास निकाल लिया करूंगी। मगर एक बात है।"

"क्या?"

"तुम मुझे कभी उसके बारे में कुछ न लिखना। मालूम नहीं वो लोग कैसे हों। बड़े अंधेरे गांव में रहते हैं। सुना है डाक भी वहां मुश्किल से हफ्ते में दो बार जाती है। लिफाफे पर जिला, तहसील, डाकखाना, गांव न जाने क्या-क्या कुछ लिखना पड़ता है। शायद वो लोग मेरे ख़त भी मुझे पढ़ के दिया करें।"

बिनती को ससुराल गए पन्द्रह साल हो गए हैं। पहले चार-पांच साल बिनती मुझे ख़त लिखती थी। उनसे उसकी आहों का धुआं उठता था। मैं बिनती को हमेशा जवाब लिख देती। मगर उसके कहे अनुसार कभी दिल के हादसे के बारे में न पूछती।

फिर बिनती को न जाने क्या हुआ उसने मुझे ख़त लिखना बंद कर दिया। मैं भी समझ गई कि उसका मन बाल बच्चों में लग गया होगा। मैंने भी उसे ख़त न लिखा। सोचा मेरा ख़त कहीं उसके किसी पुराने जख्म का मुंह न खोल दे।

मगर आज बिनती का अचानक खत आया है। उसमें सिर्फ उसके दिल की भड़ास नहीं हर औरत के दिल की भड़ास है। मेरा दिल भर आया है, उसने मुझे इस विषय में लिखने से रोका है वरना मैं आज उसे बड़ा लम्बा खत लिखती, मेरा मन भी हल्का हो जाता। आज मैंने उसके सारे पुराने खत निकाले हैं, शायद दो तीन गुम हो गए हों और आज वाली चिट्ठी भी सामने रखी है। मैं उसकी सब चिट्ठियां बार-बार पढ़ती हूँ। एक औरत की आहों का धुआं हर औरत के गमों का आइना होता है।

"बड़ा अंधेरा गांव है। ये भी नहीं पता लगता आज क्या दिन है। जब गांव में डाकिया आता है तब पता चलता है कि या तो आज मंगल है या शनिवार। हफ्ते में सिर्फ दो बार डाकिया आता है जैसे शहरों में तेल तांबा मांगने वाले हफ्ते में दो बार आते है। जब डाकिया आता है तो मुझे लगता है जैसे कह रहा हो "मंगल वाले टले भार, तेल तांबा दे दो।" मगर

वो लोग न जाने कैसे होते हैं जिसके सरों से बोझ हटता है, वो लोग न जाने कैसा तेल तांबा दान करते हैं जिनको अपने प्यारों के पत्र आते हैं। मैं किसके लिए डाकिए की राह देखूं।''

अच्छा तुम ही मुझे दो शब्द लिखकर डाल देना। बस रस्मी सी बात लिखना। मैं उन्हीं दो शब्दों के लिए डाकिये की राह देखूंगी।

तुम्हारी बिनती

तुमने बारात में मेरे ससुर को देखा था। वो दाढ़ी वाला। अगर तुम मेरी सास को देखो तो हैरान रह जाओ। सास तो क्या वो बहू भी नहीं लगती। बिल्कुल कुआंरी लड़की लगती है। मुझसे तीन चार साल बड़ी होगी। मगर है बहुत दुबली। अगर वो मेरी सौतेली सास न होती तो धर्म से मैं उसे अपनी सहेली बना लेती। आज मंगलवार था डाकिये को आना था। मैंने सोचा शायद तुम्हारी चिट्ठी आए, मैं दहलीज़ पर खड़ी डाकिये का इंतजार करने लगी। मेरी सास भी पास आकर खड़ी हो गई।

डाकिया आया। उसने मुझे चिट्ठी पकड़ाई। मैंने अपनी सास के चेहरे की तरफ देखा उसके चेहरे पर उदासी थी। मालूम होता था उसे किसी के खत का इंतजार है मगर खत नहीं आया है।

''भाभी तुझे किसी की चिट्ठी का इंतजार है।'' उसे इतना उदास देखकर मैंने पूछा।

''मुझे कौन खत लिखेगा?'' उसने उदासी से कहा। फिर कुछ रुक कर बोली आना तो था एक खत, परमात्मा का खत। लगता था जैसे वो अभी रो देगी। मगर वो रोई नहीं या फिर न जाने कैसा रोना रोई जो किसी को नज़र नहीं आया। देखा तुमने औरतें कैसा रोना रो सकती हैं। कभी-कभी मेरा दिल चाहता है मैं ज़ोर-ज़ोर से रोऊं।

तुम्हारी बिनती

सच जानो जब से यहां आई हूँ मुझे ये घर कभी अपना नहीं लगा। मैं अपने आप को मेहमान सी लगती हूँ। मगर अब मुझे इस घर ने बांध लिया है, मुझे बांधने वाला एक छोटा सा राजू आ गया है। घर के सब लोग उसे दीपक कहते हैं मगर मैंने उसे राजू का ही नाम दे रखा है। शाम के समय अच्छी खासी सर्दी हो जाती है। मैं एक रेशमी रूमाल उसके सर पर बांध देती हूँ। लाल रूमाल में वो और भी प्यारा लगता है और मैं गोद

में लेकर बड़ी देर तक उसका चेहरा देखती रहती हूँ।

तुम्हारी बिनती

मेरा राजू तीन साल का हो गया है, तुम्हें अपने दिल की एक बात बताऊं? कभी-कभी मैं जब राजू को देखती हूँ तो देखते-देखते उसका मुंह बड़ा हो जाता है। उसका कद ऊंचा हो जाता है जैसे मेरा राजू पच्चीस बरस का हो गया हो और मैं? मैं जैसे अब भी बीस बरस की हूं। देखा मैं कैसी पागल हूँ।

बहुत शैतान है मेरा राजू। अभी मेरे पास खेल रहा था और अभी रसोई में जा पहुंचा। गर्म चूल्हे में पानी का गिलास उलट दिया और चूल्हा फट गया। बेचारी सास को सारा दिन लगा के दोबारा बनाना पड़ा। लो तुम्हें एक बात बताऊं मेरी सास चूल्हा ऐसे बनाती है जैसे बुत तराश रही हो। तुमने कभी ऐसा बांका चूल्हा न देखा होगा। जिस दिन वो पुराना चूल्हा उखाड़ के नया चूल्हा बनाती है उस दिन मुझे चौके से बाहर रोटी पकानी पड़ती है। यूं तो रोटी पकाने का काम वो खुद ही करती है मगर जब हर पन्द्रह-बीस दिन के बाद वो चूल्हा उखाड़ के नया चूल्हा बनाती है तो उस दिन वो पकाने के काम को हाथ नहीं लगाती। चूल्हा बनाने का उसे पागलपन है। तुमने पूछा है मेरी सास क्या गाती है। पूरा गीत तो उसने कभी नहीं गाया। दो बोल शुरू करती है तो घंटा भर उन्हीं को दोहराती रहती है।

आज भी उसने पुराने चूल्हे को उखाड़ कर नया बनाने का काम शुरू कर रखा है। चौके को उसने अंदर से बंद कर रखा है। लेकिन उसकी आवाज़ फिर भी यहां आ रही है।

चढ़ चढ़ चंदा मढ़ चढ़ावे दी लाली
बर हार्द उग आसां वेड़े विच बाली

(आसपास लाली फैल रही है, बिरहा की आग मेरे आंगन बरस रही है।)

जे तुर चलियों चाकरी सानू बूझे पा
जित्थे आवे राटरी सानू गड़ कलेजे ला।

(तुम नौकरी पर जा रहे हो तो मुझे जेब में डाल कर ले चलो। रात को मुझे निकाल कर छाती से लगा लिया करना।)

मुझे एक और गीत याद आ रहा है। आज तो वो गीत उसने नहीं

गाया पर कभी-कभी गाया करती है।

न तुसी पेजिया सुख स्नेहा
न तुसी पेजी ऐ चिट्ठी
की दे हात पेजां ऐ चिट्ठी
की दे हात पेजां मैं चिट्ठी
लिखन जोगा कागज़ नई ऊ
कलमे जोग न काही
दिल दे तुकड़े नूं मैं कागज़ बनावां
उंगलियां कट काही
अंखियां दा कजला मैं श्याई बनावां
ते हजवां दा पानी आं पानी
ढल परछावें चिट्ठी दा चुन बैठी
रोंदी जन्द नमानी

भूसा गूंधती रहती है। फिर वो चौके का दरवाजा अन्दर से बंद कर लेती है। मिट्टी लगाती जाती है और गाती जाती है।

वैसे मैंने उसे कभी गाते नहीं सुना। गाना तो एक तरफ, कभी अच्छी तरह से बोलते भी नहीं सुना। मगर चूल्हा बनाते समय तो वो यूं गाती है जैसे हमारे यहां कोई चरखा काते में लंबा गीत शुरू कर दे। परमात्मा जाने उसके दिल पर क्या बीतती है मगर मां-बाप ने भी तो उसकी जवानी के साथ जुल्म किया। ऐसी हीरा लड़की को टोकरी में डालकर चांदी के रूपयों में तोल दिया।

अच्छा दो शब्द जल्दी से लिखकर डाल देना।

तुम्हारी बिनती

न तो तुमने अपनी खैर खबर भेजी न कोई चिट्ठी। किसके हाथ मैं खैर खबर भेजूं, किसके हाथ मैं चिट्ठी भेजूं। लिखने के लिए कागज नहीं है न कलम बनाने के लिए कोई टुकड़ा, दिल के टुकड़े का कागज बनाऊं और उंगलियों से कलम का काम लूं। आंखों के काजल की स्याही बनाकर उसमें आंसुओं का पानी डाल के शाम ढले मैं चिट्ठी लिखने बैठी, मेरा दिल रो रहा है।

चौके का दरवाजा अभी तक बंद है। मगर बंद दरवाजे को भी पार करके जैसे मेरा दिल उसके दिल से लिपट गया है। उन गीतों में भला कौन

सा ऐसा गीत है जो उसके मन का है मेरे मन का नहीं।

तुम्हारी बिनती

एक बात मैं लिखनी भूल गई। मेरी सास को कई दिन से हल्का-हल्का बुखार हो जाता है। कई बार मिन्नत की लेकिन वो घड़ी भर के लिए भी आराम नहीं करती। एक दिन मैंने उससे कहा भाभी इस तरह तो डाकिया सचमुच एक दिन परमात्मा की चिट्ठी ले आएगा। क्यों अपने ऊपर जुल्म करती हो, उसने जवाब दिया तेरे मुंह में घी शक्कर अगर सचमुच डाकिया वो चिट्ठी ले आए।

बरसों बीत गए हैं मैंने जान बूझकर तुम्हें खत नहीं लिखा। जब भी मैं तुम्हें खत लिखने की बात सोचती थी तो मुझे ये लगता था कि अगर मैं तुम्हें लिखने बैठ गई तो न जाने क्या-क्या यादें मुझे घेर लेंगी। फिर कई दिन तक मुझे होश नहीं आएगा। चीजें हाथ से गिरकर टूटने लगेंगी और चूल्हे पर रखी सब्जियां जल जाएंगी। अब सारे घर का काम मुझे ही करना पड़ता है।

इतने बरस तक मेरी सास को रस्सी की तरह बल दिए जाते रहे और वो चारपाई पर पड़ी सफेद दिखाई देती थी।

तुम्हें शायद याद हो। मैंने तुम्हें एक बार लिखा था कि सास मिट्टी का चूल्हा यूं बनाती है जैसे बुत तराश रही हो और आए दिन पुराना चूल्हा उखाड़कर नया चूल्हा बनाने का भूत उस पर सवार रहता है। इस बीमारी में भी उसका पागलपन नहीं गया। मैंने भी उसे मना नहीं किया। जिस रोज वो मिट्टी और भूसा गूंधती थी उस रोज़ उसमें न जाने कहां से जान आ जाती थी जैसे उसके घर शादी हो।

पन्द्रह रोज़ हुए उसे खून की उल्टी हुई। न तो हमें उसकी जिन्दगी की आस थी न उसे खुद ही जिन्दा रहने की उम्मीद थी। दिन में जब मेरा देवर हकीम को बुलाने गया (मेरे ससुर को मरे कई साल हो गए हैं।) तो मेरी सास ने मुझे अपने पास बुलाया।

अगर तू मेरा कहा माने तो एक बात कहूँ..... 'जरूर कह भाभी जो कुछ भी कहना है कह.....' मेरा दिल भर आया और मैं उसकी चारपाई से सर लगाकर रोने लगी।

''पगली रोती क्यों है मैं तो कब से इंतजार कर रही हूँ कि मेरे जिस्म का पिंजरा टूटे और मेरी आत्मा आज़ाद हो जाए। आज तू मुझे मिट्टी गूंध

दे, गूंध देगी न।"

"पागल हो गई है" मैने कहा, सांस तो तेरी शरीर में समा नहीं रही।

"मैं जानती हूँ तभी तो कहती हूँ, आखिरी बार, बस एक बार, फिर वो मुआ हकीम आ जाएगा।"

"भाभी...... तूने दुनिया का सब मोह छोड़ दिया। दुनिया से तूने मोह किया ही नहीं, न तुझे पैसे से प्यार न जीवन की परवाह फिर उस चूल्हे से तुझे क्या लगाव है।"

"चूल्हे के नीचे मैने कुछ दबा रखा है मौत के बिस्तर पर पड़ी मेरी सास हंस दी और फिर कहने लगी मगर ये उम्मीद न रखना कि अशरफी की थैली दबा रखी है।"

"भाभी तेरे दिल की बात मुझसे छिपी नहीं। जिस घर में तेरा दिल मरा है उस घर में तो अशरफियां क्यों दबाने लगी और फिर मुझे भी अशरफियों की चाह नहीं।"

"मैं जानती हूँ बिनती, तभी तो मैं तेरे साथ..... जो तेरे मन में है बेधड़क कह दे भाभी, तेरी बहू भी हूँ, बेटी भी और सहेली भी।"

भाभी की आंखें रो रही थीं और होंठ हंस रहे थे। कहने लगी "तुझे याद है-कभी-कभी मैं कहा करती थी, आ मैं दाने भून दूं। मैं बड़ी अच्छी भटियारी हूँ।"

"हां भाभी मुझे याद है। मगर मैं जानती हूँ कि तू मजाक कर रही थी। तू भला भटियारी कैसे हो गई।"

"नहीं बिनती मैं सच ही भटियारी हूँ। किसी भट्टी वाले की भटियारी। तू अभी वो चूल्हा उखाड़ दे, नीचे की ईंटें भी उखाड़ दे।"

"नीचे क्या रखा है।"

"छलनी, मेरे भटियारे की निशानी और एक अंगूठी भी।"

और फिर भाभी ने अपनी आखिरी सांस में मुझे सुनाया कि उसे अपने गांव के एक लड़के से प्यार है। उसका नाम मोती है मगर भाभी के मां बाप को मन का मोती पसंद न आया और उन्होंने लड़की को कौड़ियों के मोल बेच दिया। उसकी शादी को कुछ ही महीने हुए थे कि मोती ने भटियारा बन के उसके गांव में भट्टी लगा दी।

मेरी सास का नाम रूपो था। वो एक दिन वहां कुछ भुनवाने गई और मोती को भटियारा बना देखकर उसकी भट्टी में खुद को भूनने लगी। एक

दिन रूपो, उसके पांव पर गिर पड़ी और रो रोकर कहने लगी "तुम्हें मेरी कसम अगर तुम अपनी जिन्दगी इस तरह खराब करो, भुने हुए दाने अब उग नहीं सकते और रूपो ने उसकी भट्टी तोड़ दी। कढ़ाई उससे उठाई न गई। वो दाने डालने वाली छलनी उठा लाई और उसे हुक्म दे आई कि अपने गांव वापिस चला जाए।"

मोती उसकी बात न टाल सका। वो एक बार भटियारा बना मगर रूपो को सारी उम्र के लिए भटियारी बना गया। रूपो ने मोती की छलनी और अंगूठी अपने पास रख ली। अंगूठी पर मोती का नाम था, कहां छुपाती? चूल्हा तोड़कर उसने दोनों चीजें वहां दबा दीं और फिर नया चूल्हा बना दिया।

सारा-सारा दिन वो चूल्हे के पास बैठी दिलों की रोटियां पकाती। जैसे दिल के अरमान बेल रही हो। कभी-कभी उसका दिल बहुत उदास हो जाता और वो चूल्हा उखाड़ देती। मोती की निशानियां छाती से लगाती, रोती और गाती। फिर इसी तरह दोनों निशानियां धरती के हवाले कर देती और ऊपर नया चूल्हा रखवाली के वास्ते बना देती।

भाभी की कहानी खत्म हुई और सांस भी। उसे खून की एक और उल्टी हुई और रूह का पंछी आज़ाद हो गया। जब तक भाभी जिन्दा थी उसने मोती की अंगूठी उंगली में नहीं डाली थी। फिर जब वो चल बसी तो मैंने चूल्हे को उखाड़ कर अंगूठी निकाली और उसकी बेजान उंगली में डाल दी।

मुझे ही उसे नहलाना था और कफन पहनाना था। इसलिए मुझे ये डर न था कि अंगूठी पर कोई मोती का नाम पढ़ लेगा और जब उसके फूल चुनने का वक्त आया तो मोती का नाम अंगूठी पर से खुद ही मिट गया था।

छलनी मैंने उसी तरह चूल्हे के नीचे रहने दी। अगले महीने मेरी मां को हरिद्वार जाना है और मैंने अपने घरवाले को मना लिया है कि मैं भी चार दिन मां के साथ वहां हो आऊंगी, भाभी के फूल भी दरिया में डाल आऊंगी। छलनी मैं किसी तरह संदूक में डालकर ले जाऊंगी।

"मेरी प्यारी बहन, आज अगर तुम्हें न लिखूं तो किसको लिखूं। मैंने अपनी यादें भी कुरेद-कुरेद कर देखी हैं। एक लाल रूमाल उनके नीचे संभाल कर रखा है। चाहे कोई बिनती हो, रूपो हो या कोई और, किसने

अपने मन की गहराइयों में कोई अंगूठी या रूमाल संभाल कर नहीं रखा। हम बदनसीब अगर किसी से प्यार करती हैं तो जन्म से ही भटियारियां हो जाती हैं। दिल की भट्टी पर अपनी सांसों को दानों की तरह भूनती हैं और यादों की छलनी में सालों की रेत छानती हैं।''

तुम्हारी बिनती एक भटियारी

एक शहर की मौत

अपनी बात करने से पहले पॉमपई की बात करूंगी।

पॉमपई, नैपलिस के पास इटली का एक पुराना शहर होता था। उससे पहले...... ये समुद्री तट का शहर आठवीं बी सी रोम के समुद्री जहाजों की बन्दरगाह होती थी। 310 बी सी में एक रोमन जहाज यहां आया था, मगर पॉमपई ने उसे तट से लौटा दिया था। लेकिन अन्त में ये शहर जीत लिया गया था और 80 बी सी में ये रोमन कॉलोनी बन गया था। फिर उसने रोमन भाषा, रोमन कानून और रोमन वास्तुशिल्प अपना लिया था।

व्यापार का गढ़ होने के साथ-साथ ये घूमने की जगह भी होता था। उसकी आबादी बीस बाईस हजार होती थी।

फरवरी 36 में यहां एक भयानक भूकंप आया। बहुत कुछ नष्ट हो गया, मगर उस शहर को फिर से बनाना शुरू किया गया।

अभी उसको दोबारा बनाया जा रहा था कि चौबीस अगस्त को यहां लावा फूट पड़ा और सारा शहर आग की गर्म राख के नीचे दब गया।

ये गर्म राख बारिश की तरह बरसी थी। जमीन से छह इंच ऊपर उसकी तह बुझ गई थी और यहां के लोग जहां बैठे या खड़े थे, वैसे के वैसे गर्म राख में दब गए थे। और यूं पूरा शहर उस राख की इक्कीस फीट ऊंची तह के नीचे ढक गया और कई शताब्दियों तक ढका रहा।

सोलहवीं सदी में..... एक नहर निकालते..... कुछ इमारतों के निशान मिले और नैपोलियन के राजा ने मार्च 1748 में बाकायदा खुदाई शुरू करवाई। 1763 में सिलों की लिखाई से मालूम हुआ कि वो पॉमपई के खंडहरात थे।

पहली चीज जो मिली वो उसके बुत थे। फिर 1820 में उसके अन्दर

मृत लोगों के निशान मिले। राख में गड्ढे जहां भी थे, वहां प्लास्टर ऑफ पैरिस भरकर बिल्कुल वही शक्ल ढूंढी गई। जैसे लोग खड़े, बैठे या दौड़ते हुए उस राख में दब गए थे।

और इस तरह पता लगा कि इस शहर के घर किस तरह के होते थे, पीढ़ी, पलंग और पिंगूरे किस तरह के होते थे। हाउस ऑफ सिल्वर वैडिंग, हाउस ऑफ गोल्डन क्यूपिड..... और कहते हैं...... मूरतकारी, बुतकारी और इमारत कारी में ये एक बड़ा अमीर शहर होता था.......

मैं भी होती थी..... पॉमपई की तरह।

पूरे पन्द्रह बरस मैं अपनी खामोशी में और लंदन की धुंध में लिपटी रही। रोज़ाना सुबह उठकर मिस सिंह का नाम पहले लेती थी और ऐलनिग के एक स्कूल में नौकरी के लिए चली जाती थी। मगर उन छुट्टियों में रोम गई थी। मैंने रोम के गिरजे देखे वहां कई औरतें मोमबत्तियां जला रही थीं, मगर मुझे कोई मोमबत्ती जलाने का ख्याल नहीं आया था, रोम का वो झरना देखा...... जिसमें एक सिक्का डालकर लोग मन्नतें मांगते थे, मगर मैंने जेब में हाथ डालकर कोई सिक्का नहीं निकाला था। मैं फिर रोम से फ्लोरैंस गई थी, वहां पर माइकल ऐंजिलो के चौक में लोग कबूतरों को दाना खिला रहे थे और उनको हथेलियों पर बैठा कर तस्वीरें उतरवा रहे थे..... मुझे अपनी तस्वीर उतरवाने का कोई ख्याल नहीं आया था। फिर एक दिन रोम से नैपलिस गई थी, वहां से लौटते समय रास्ते में पॉमपई देखा था। मगर पॉमपई के खंडहरात में जो घूमकर...... जब लोहे के दरवाज़े के पास आई तो उस लोहे के दरवाज़े ने मेरा हाथ पकड़ लिया था। इस तरह तो किसी मर्द ने भी मेरा हाथ नहीं पकड़ा था, मैं कांप गई।

और लोहे का दरवाज़ा..... पिछली तरफ..... उन खंडहरात की तरफ चलने लगा...... जहां कई सुतून और कई दीवारों के टुकड़े खड़े हुए थे।

और उसके कहने पर मैं भी उनको देखने लगी। कहीं कोई भी परदा नहीं था....... कभी होता होगा...... कुछ चारों तरफ से बंद कमरे होते होंगे..... और फिर उनके अंदर भी कुछ कोठरियां...... मगर अब सब कुछ खुला पड़ा था। सारे राज़ धरती पर खुले पड़े थे। पता नहीं चलता था कौन सा रास्ता कहां से निकलता था, और कहां जाता था। रास्ते एक दूसरे के गले लगे हुए थे। एक लोहे के हाथ ने मेरा हाथ पकड़ा हुआ था...... मेरा हाथ सो सा गया था। पहले मेरा दायां हाथ सोया, फिर दायां बाज़ू, दायां

कंधा। फिर बायां हाथ, बायां बाजू और बायां कंधा।

मैं लोहे के दरवाजे से दूर होने लगी, जोर लगाया...... मगर अब मेरे पैर भी सोने लगे थे।...... टांगें भी। लगा...... मैं भी पॉमपई शहर की बीस हजार लाशों की तरह एक लाश हूँ...... वहां से जल्दी से बाहर निकलने के लिए दायां पैर आगे किया और बाएं को आगे करने के लिए उसकी एड़ी ज़रा सी उठाई और फिर वहां की वहां एक गर्म राख में हमेशा के लिए लाश बनकर खड़ी हो गई।

मैं किस दरवाज़े से निकली थी और किस रास्ते पर जाना था...... कुछ पता नहीं। अब तो सारे घर गिर गए थे और सारे रास्ते रो-रोकर एक दूसरे से गले मिल रहे थे......

और फिर पता नहीं, कितनी देर मेरी आंखें जलती और बुझती रहीं. ...... और फिर मेरी छाती हंसने लगी...... कि इस पॉमपई शहर की तरह मैं भी कभी होती थी।

पिछले पन्द्रह बरसों में अपनी खामोशी में और लंदन की धुंध में फंसी रही। पता नहीं ये खामोशी और ये धुंध कितने फीट ऊंची थी...... छह फीट जरूर होगी.... मेरे कद से दो हाथ ऊंची...... कि मैं पूरी की पूरी उसके नीचे आ गई थी और मैंने भी उसमें कभी नहीं देखा था।

अब देख रही हूँ..... मेरी छाती में एक शहर होता था, जैसे हर जवान होती लड़की की छाती में एक शहर होता है.... मेरे शरह में सब से बड़े सहन वाला एक घर होता था..... मेरे मां-बाप का घर..... और जहां घनी छांव वाला एक पीपल होता था..... एक लंबी गली होती थी...... मेरी हमजोली सहेलियां होती थीं और गली के शुरू में एक बड़ होता था.... जो थके हुए पंथियों को सुख की सांस दिया करता था।

और वहां से, मेरी गली के मोड़ से, दूर एक ऊंची अटारी नजर आया करती थी, जहां रात को कितनी ही रोशनियां तारों की तरह जगमगाती थीं और रोज़ सुबह जिसकी दीवार में से सूरज उगता था और मैं भी, जैसे हर जवान लड़की अपने शहर की ऊंची अटारी को देखती है, उस अटारी को मुड़-मुड़ कर देखा करती थी......।

ये मेरा छोटा सा शहर, बड़ा हो गया था..... मैं कॉलेज में पढ़ती थी, और कॉलेज के नाटकों में भाग लिया करती थी। हजारों नहीं तो सैकड़ों वो पात्र मेरे शहर में बस गए थे, जिनको कहानियों से निकाल कर मैं स्टेज

पर लाई थी......।

मेरा शहर कितना बड़ा होता था, कितना सुन्दर.... पॉमपई जैसा...।

ये भी समुद्र के तट पर होता था, मेरा मन समुद्र की तरह बहा करता था और जब दूसरे देशों की पुस्तकें पढ़ती थी तो उनके पात्र किश्तियों पर बैठकर मेरी बंदरगाह पर आ जाया करते थे.....

और फिर एक दिन लावा फूटा, काला बादल राख की बारिश की तरह बरसा और पूरा शहर उस राख के नीचे दब गया। मैंने..... आज से पन्द्रह साल पहले..... जब इस शहर से दौड़ने के लिए दायां पैर आगे रखा था और बाएं पैर को आगे करने के लिए उसने एड़ी थोड़ी सी उठाई थी. ..... तो वहां की वहां उस जलती राख में हमेशा के लिए एक लाश बन गई थी.....।

पॉमपई शहर का और मेरे शहर का इतिहास एक जैसा है। शायद इसीलिए मैं पॉमपई के खंडहरात में चलती पता नहीं किस समय अपनी शहर के खंडहरात में पहुंच गई। सिर्फ एक फर्क है....... पॉमपई के किसी व्यक्ति को अपनी लाश देखनी नसीब नहीं हुई थी, और मैं खुद अपनी लाश को देख रही हूँ।

बाकी सब कुछ इसी तरह है। जैसे पॉमपई के किसी व्यक्ति को कफन नसीब नहीं हुआ, मरे शहर के किसी व्यक्ति को भी कफन नसीब नहीं है। सब लाशों के चेहरे नंगे हैं और इस पहचान में मैं सबके चेहरे याद करती हूँ।

ये मेरी लाश...... छमक जैसे शरीर पर एक बड़ा तेजस्वी चेहरा होता था.....। सीधी मांग से गिरते बाल संवारे होते थे। सफेद रेशम की सलवार, हरे रंग की कमीज़ और हरे रंग का दुपट्टा लेती थी। कानों में बारीक तार की बालियां, चेहरा मासूम भी था लेकिन उस पर तांबे जैसी रंगत की ज़िद भी थी, जिससे वो कभी बड़ा नर्म नज़र आता था और कभी बड़ा सख्त।

शनिवार और रविवार को स्कूल बंद होता था। कभी-कभी ये दो दिन मुझ अकेली पर भारी पड़ते थे, इसीलिए छुट्टियों में रोम गई थी। वरना पूरे पन्द्रह दिन घर के कमरे में रहती और चार दीवारों में पांचवीं दीवार बन जाती। मगर रोम से वापिस आकर जैसे मैं लंदन के अपने कमरे में नहीं, खंडहरात में चल रही हूँ।

आज शनिवार, कल रविवार। सोचा था दो दिन इन खंडहरात में रहूंगी और एक लाश को ढूंढूंगी। मगर रात को जार्ज का फोन आ गया। उसने एक फिल्म के दो टिकट खरीदे हुए थे, एक अपने लिए और एक मेरे लिए...... मुझसे मना न हो सका।

शाम को उसके साथ फिल्म देखने चली गई..... प्रसिद्ध इटैलियन फिल्म थी। उसमें एक जवान होती लड़की को एक लड़का अच्छा लगता है और वो लड़की को राय देता है कि वो आज रात अपने कमरे में सोने के बजाए अपने घर की छत पर सो जाए और वो आधी रात को घर के पिछवाड़े से छत पर आ जाएगा। लड़की अपनी मां को शाम के समय कहती है कि आज रात को वो छत पर बिस्तर बिछाएगी और बुलबुल का गीत सुनेगी। मां मान जाती है। सुबह सवेरे जब लड़की का बाप उठता है..... सोचता है..... छत पर जाकर देखूं, कहीं मेरी लड़की को सर्दी न लग रही हो....... और वो जब छत पर जाता है..... वहां उसकी बेटी के पास एक लड़का सोया होता है। दोनों के शरीर पर कोई कपड़ा नहीं होता। वो घबरा कर वापिस आ जाता है। अपनी बीवी को जगाता है और कहता है तुम्हारी बेटी आज छत पर सोई थी। ये कहकर की बुलबुल का गीत सुनना है, जाकर देखो उसने बुलबुल पकड़ी है...।

जार्ज मेरे बराबर वाली कुर्सी पर बैठा हुआ था, फिल्म देखते हुए उसने मेरा हाथ अपनी टांगों पर रख लिया, और कहने लगा..... ये बुलबुल तुम्हारी है, ले लो। फिल्म के बाद वो मुझे मेरे घर छोड़ने आया, रात मेरे पास रुक गया..... फिल्म की उस लड़की की तरह उस रात मैंने भी बुलबुल पकड़ी थी......।

इस तरह की रात मैंने जार्ज के साथ पहली बार गुजारी थी, मगर वैसे पहली बार नहीं, इस तरह की रातें कभी-कभी मैं बसर कर लेती हूँ...... किसी के साथ भी.... पहली बार...... बड़े घबराते हुए ऐसी रात बसर की थी। एक दिन मेरे शरीर का रोम-रोम इस तरह जल उठा था..... जैसे मेरे शरीर का एक-एक अंग मेरे अंग-अंग में समा रहा हो और मेरे एक-एक रोम का मुंह जैसे रस्म की तरह खुल गया हो।

मेरी सांस मेरे चारों ओर इस तरह जकड़ी रहती थी कि मैं गर्म पानी की जगह रात को ठंडे पानी से नहा कर शरीर को बर्फ की डली बना लेती थी। मगर उस दिन एक अजीब बात हुई। उस दिन मैं अपनी एक महिला

मित्र को मिलने चली गई। ये मेरी अंग्रेज मित्र काफी बड़ी उम्र की थी। उस दिन उसने मुझे एक चीज दिखाई.....एक मर्दाना अंग जो वो उस दिन बाजार से खरीद कर लाई थी। उसमें बैटरी के दो सैल पड़े हुए थे और उसने बताया कि वो बैटरी से चलता है..... उसके शब्द उस पर तरस खा रहे थे। "क्या करूं, अब इस उम्र में कोई मर्द पास नहीं आता। तलाक लिए सात साल हो गए हैं..... पहले तो कोई दो चार दिनों के लिए मिल जाता था मगर जैसे-जैसे उम्र ढल रही है......" और मुझे लगा मैंने अपनी जवानी अपनी सांसों को दे दी तो भविष्य में मुझे भी बाजार जाना पड़ेगा और बैटरी से चलने वाला रबड़ का टुकड़ा मेरी किस्मत बन जाएगा।

उस शाम मैंने एक ऐसे व्यक्ति को जिसे मैं ज्यादा नहीं जानती थी, फोन करके खाना खाने के लिए बुलाया था। अपनी बरसी को अपना जन्मदिन कहा था। फिर जल्दी से खाना तैयार किया था, उसके लिए हैग खरीद कर लाई थी। कमरे को ताज़ा फूलों से सजाया था। अकेली महिला से अकेले मर्द ने मुश्किल से एक घंटा किताबों और फिल्मों की बात की थी, फिर उसने मेरा हाथ पकड़ लिया था..... मेरा हाथ बेबस भी हो गया था और बेसब्र भी और मेरे हाथ की तरह मेरा अंग अंग.....

उस दिन की तरह आज भी पछतावा नहीं। सिर्फ रात को..... जब जार्ज मेरे साथ सोया हुआ था...... मन में आया था कि आज उसे अपने साथ अपने मरे हुए शहर में ले जाऊं..... जिस तरह लोग पॉमपई के खंडहरात को देखने जाते हैं मैं जार्ज को साथ ले जाऊं और अपने शहर के खंडहरात दिखाऊं।

फिर पता नहीं क्यों...... जॉर्ज को कुछ नहीं बताया। सुबह उठकर चाय पीकर चला गया और मैं अकेली अपने शहर के खंडहरात में लौट आई। ..... ये मेरी लाश...... और वो ऊंची होती दीवारें उस अटारी की हैं, जिसमें वीरेन्द्र रहा करता था..... दीवार के पास उसकी लाश है उसकी शक्ल मेरी आंखों में उभर आई है। चौड़े कंधों पर तना हुआ सर, रंग गेहुआं, मगर आंखें बहुत काली, गहरी और सुन्दर। वो आंखों से मेरी जान खींच लिया करता था.....।

उसकी उस अटारी पर कई बार मैं सपनों में गई थी। उसके वचन से भरी हुई मैं उसको उसकी गली के मोड़ पर मिलकर जब अपने बाप के खुले आंगन वाले घर आया करती थी..... तो घर की दीवारें मेरे शरीर को

निचोड़ लिया करती थीं। मेरे बाप के घूरने से..... पीपल के पत्ते सड़ जाते थे और मैं धूप में झुलस जाती थी।

और एक दिन..... मेरा कुआंरा जिस्म छिल गया। घर आई तो मां ने अंगारों जैसी आंखों से देखा और चूल्हे से एक लकड़ी खींच कर कहा.. ... तुझे उसकी इतनी आग लगी हुई है तो ये चिंगारी अपने अन्दर डाल ले। सहेलियों से मर्दों की बातें सुनी हुई थी, खुशबू जैसी बातें, मगर मां की बात सुनकर यूं लगा जैसे जलती लकड़ी मेरी टांगों में गड़ गई हो।

मैं कितने ही दिन अपने बंद कमरे में रोती रही और एक दिन मां कोई साधु पकड़ कर ले आई और उसका दिया हुआ तावीज़ घोलकर मुझे पिला दिया। सारी रात मैं छुपकर उल्टी करती रही..... मगर सुबह सवेरे जब वो मेरी सगाई का छुआरा मुझे खिलाने लगी..... तो मालूम हुआ किसी रंडवे के साथ मेरा ब्याह करने लगी थी। वीरेन्द्र हमारे धर्म का नहीं था। ये रंडवा हमारे धर्म का था। मैंने छुआरे को थूक दिया...... और मां के हाथ से बाजू छुड़ाकर वीरेन्द्र के घर की ओर भाग गई और अचानक धरती से लावा निकल पड़ा। चारों ओर काली और जलती राख उड़ने लगी..... सुना कि पिछले हफ्ते वीरेन्द्र ने शादी कर ली थी और इस जलते शहर में से निकलने के लिए मैंने दायां पांव आगे उठाया हुआ था और बायां पांव आगे रखने के लिए एड़ी उठाई हुई थी..... मैं वैसे के वैसे इस गर्म राख में एक लाश बन गई......

और ये मेरे शहर के खंडहरात मेरी लाश।

●

अपना-अपना कर्ज़

वो एक टूटी हुई बात जैसी थी......

किसी को मालूम न था कि वो कौन थी, कहां से आई थी, कब आई थी, कुआंरी थी या बेवा? क्योंकि मर्द के नाम पर उस झोंपड़ी में दो साल का एक बच्चा था। उसका भी हो सकता था और दूसरी का भी जो उससे जरा बड़ी उम्र की थी।

नई बसी हुई बस्ती में सभी लोग नए थे। वो भी जो वहां अपने घरों की बुनियादें रख रहे थे और वो भी जो यहां ईंटों और चूने को इकट्ठा करके दीवारें खड़ी कर रहे थे..... पता नहीं पेड़ों के नीचे बनी उसकी झोंपड़ी जहां वो चाय बेचती थी पेड़ों की उम्र की थी या खुदी हुई बुनियादों की।

लोग सिर्फ ये जानते थे कि उसका नाम 'मूर्ति' था और उसकी झोंपड़ी में सुबह से शाम पांच बजे तक यानि मजदूरों की छुट्टी होने तक दालचीनी की गर्म चाय मिलती थी। वो मोटे मलमल की लाल साड़ी बांधे चूल्हे में जलती लकड़ियों के पास बैठती तो वो भी चूल्हे की आग की तरह सुलग रही होती थी।

इससे बड़ी उम्र वाली महिला धूप निकलते ही बच्चे को खिलाने के लिए नीम के पेड़ों के नीचे आ बैठती। शाम को सर्दी बढ़ने लगती तो बच्चे को कंबल में लपेट कर झोंपड़ी के अंदर चली जाती। चाय बनाने का काम और दूसरे काम मूर्ति किया करती थी।

राज बख्शी के घर की जब छतें बन चुकीं तो तामीर का काम कुछ दिनों के लिए रुक गया। लेकिन बख्शी जी उन दिनों रोज़ आते थे। चौकीदार से चाय वाली झोंपड़ी से चाय मंगवाते थे और कुछ देर वहां अकेले कुर्सी पर बैठे रहते थे। एक दिन मकानों के चौकीदार अपनी-अपनी

झोंपड़ियों में आग जलाकर खाने के लिए कुछ पका रहे थे। जिस समय उन्होंने चौकीदार को चाय लाने के लिए भेजा, तो मूर्ति की झोंपड़ी में चाय के बर्तन धोए जा चुके थे। मूर्ति ने फिर से चूल्हे पर चाय का बर्तन चढ़ाया। चौकीदार शायद उनके लिए सिगरेट लेने चला गया था, मूर्ति चाय बनाकर इंतजार करने लगी, फिर खुद ही उसने जाकर बख्शी साहब को चाय दे दी।

नीम के पेड़ों के झड़ते पत्ते धरती पर कुछ इस तरह सरसरा रहे थे जैसे मिट्टी को खोदकर अपनी जड़ें ढूंढ रहे हों।

राज बख्शी ने चाय की प्याली पकड़ते हुए मूर्ति की ओर देखा, लेकिन फिर नजरें दूसरी ओर कर लीं। लेकिन मूर्ति का चेहरा उनकी आंखों में झिलमिलाता रहा।

वो चाय पी रहे थे, मूर्ति थोड़ी दूरी पर शाम के सिमटे उजाले में खड़ी रही। "मूर्ति" अचानक उनकी आवाज यूं आई, जैसे हवा के एक झोंके के साथ नीम के पेड़ों से बहुत से पत्ते टूट कर गिर पड़े हों।

'जी', पता नहीं क्यों, मूर्ति को लगा जैसे उसकी आवाज पीपल के पत्ते की तरह कांप गई हो। शायद उसकी आवाज़ उन तक पहुंच भी न सकी थी यानि होठों में ही दब गई थी। "तू यहां कब और कैसे आई।"

मूर्ति ने दूर खुले में देखा, वहां तक जहां तक उसकी आंखें देख सकती थीं, फिर कहा काफिले के साथ जब सब लोग आए थे।

राज बख्शी ने उसे ध्यान से देखा, शाम के समय वो कांसे की मूर्ति दिखाई दे रही थी।

उनको ख्याल आया पिछले साल एक और गज़नवी आया था यानि इस धरती का विभाजन हुआ था। जिसने मालूम नहीं कितनी मूर्तियां तोड़ डाली थीं और ये एक मूर्ति पता नहीं कैसे मन्दिर से उठा कर यहां एक झोंपड़ी में लाकर रख दी गई थी।

लेकिन साथ ही राज बख्शी को डूबते सूरज की लाली की तरह एक तीखा एहसास हुआ। लोगों की हैसियत हमेशा उनके खानदानी कारोबार और रिहाइश से पहचानी जाती है। ये सब चीजें जब उनसे छिन जाती हैं तब उनके चेहरे भी गुम हो जाते हैं। पिछले साल उन्होंने कई काफिले देखे थे। अपनी-अपनी हैसियत के बग़ैर लोगों के अपने-अपने चेहरे भी छने हुए थे। सब एक साथ भट्टी में पिघल कर एक जैसे हुए लगते थे। चेहरे भी,

आवाजें भी, विचार भी, लेकिन मूर्ति पूरी तरह साबुत की साबुत थी।

राज बख्शी को मूर्ति का घर बार या उसकी हैसियत मालूम नहीं थी, लेकिन ये आभास था कि वो जो भी थी, वही थी। उसकी अपने मन्दिर या महल में रहने वाले ढंग यहां इस झोंपड़ी में भी वैसे ही थे।

मूर्ति उसी तरह थोड़ी दूरी पर खड़ी थी, चाय की प्याली बख्शी ने उसी तरह हाथों में पकड़ी हुई थी, शायद वो खाली प्याली लेने के लिए खड़ी थी। लेकिन चारों ओर बिछी खामोशी को वो तोड़ न सकी और न ही बख्शी तोड़ सके।

फिर अचानक चौकीदार के पांव की चाप ने उस खामोशी को तोड़ दिया। राज बख्शी ने खाली प्याली चौकीदार को पकड़ा दी और चौकीदार ने मूर्ति को। झोंपड़ी में दो टुकड़ियों में बंटी खामोशी टूट कर कंकर-कंकर हो गई.....।

राज बख्शी अगले दिन आए और फिर उसके अगले दिन, उन्होंने खुद झोंपड़ी के पास जाकर चाय मांगी, पी और दो टुकड़ियों में बंटी हुई खोमोशी फिर एक साबुत टुकड़ा लगने लगी।

कुछ आवाजें ऐसी होती हैं, जो खामोशी के बदन में उतर कर रंगों की तरह चलती हैं और उनके साथ खामोशी बड़ी जीती जागती महसूस होती है। एक दिन चाय बनाती मूर्ति के पास एक बच्चा खेल रहा था।

'ये बच्चा'

'मेरा बच्चा है।'

ये प्रश्न और उसका उत्तर खून के बहने जैसा था। ठंडी खामोशी कुछ जलते रंगों जैसी हो गई और वो......? राज बख्शी ने अंदर झोंपड़ी में बैठी हुई औरत की तरफ देखा। उत्तर में मूर्ति ने पहले बच्चे से कहा, "जाओ अन्दर अपनी मां के पास," फिर बख्शी साहब से कहा "वो मेरे बच्चों की मां है।"

खामोशी जैसे जोर से धड़कने लगी।

अगले दिन राज बख्शी के कानों में मूर्ति की आवाज़ पत्तों की साएं-साएं की तरह चलती रही, उन्होंने उसकी झोंपड़ी से रोज़ चाय पी, लेकिन और कुछ न पूछा। मूर्ति के शब्द सीधे थे "ये मेरा बच्चा है, वो मेरे बच्चे की मां है।" लेकिन अर्थ पत्तों की साएं-साएं जैसा था जो पकड़ में नहीं आता था।

ये नई बस्ती पुराने शहर से आठ मील दूर थी। उसके पास अभी कोई मंडी या बाजार नहीं था। शहर से उस बस्ती तक केवल एक बस चलती थी, लेकिन पूरे दिन में शायद तीन बार। ये बस छूट जाए तो आठ मील का सफर पैदल था, चलने के अलावा कोई चारा न था। इस रास्ते पर एक दिन राज बख्शी ने शहर से बस्ती की ओर मूर्ति को आते देखा। मूर्ति ने दोनों हाथों में कुछ पोटलियां उठा रखी थीं। राज बख्शी ने अपनी गाड़ी रोक ली।

"बस दो मिनट का फर्क पड़ गया और बस छूट गई। मूर्ति ने गाड़ी में पोटलियों को रखते हुए कहा" चाय की पत्ती, चीनी और कुछ जरूरी सामान लेने शहर जाना पड़ता है।

राज बख्शी ने गाड़ी पहले से दूसरे, दूसरे से तीसरे गियर में डालते हुए धीरे से कहा, "बहुत मेहनत करनी पड़ती है।"

"शाम को चलती हवा की तरह मूर्ति हंस पड़ी, कुछ कहा नहीं।"

मूर्ति तेरे बच्चे का बाप ? राज बख्शी के मुंह से अधूरा सा वाक्य निकला जो उनको कुछ गलत सा भी लगा। फिर उस वाक्य को कुछ ठीक करते हुए उन्होंने कहा, "तेरा पति वहां फसाद के दिनों में......."

"हां बलवाइयों ने मार डाला था।"

अगली खामोशी में फिर उस दिन वाली मूर्ति के शब्द राज बख्शी के कानों में साएं-साएं करने लगे। कुछ देर बाद वो बोले "लोग अजीब बातें करते हैं।"

'मेरी बातें? मूर्ति ने पूछा लेकिन आवाज़ में आश्चर्य जैसा कुछ नहीं था....'

"वो दूसरी औरत........"

उसका नाम रुकमणी है, वो मेरी....... बहन है।

'वो बच्चा उसका है?'

'हां'

'तेरा नहीं'

'मेरा भी'

राज बख्शी हंस पड़े "ज्यादा किसका है।"

"ज्यादा उसी का है" मूर्ति भी थोड़ा हंसी।

राज बख्शी थोड़ी खामोशी के बाद गंभीर स्वर में बोले "असल में

तुम दोनों में से एक को महिला होना चाहिए था और दूसरी को मर्द।''

''हां लेकिन आपकी जगह ये ख्याल ऊपर वाले को आना चाहिए था।''

मूर्ति का उत्तर पाकर राज बख्शी ने थोड़ा सा चौंककर उसकी ओर देखा, फिर कहने लगे :

''तुम्हें पता है लोग क्या कहते हैं?''

'क्या?'

'एक दिन मेरे ठेकेदार का मुंशी किसी को बता रहा था।'

'क्या?'

'कि तुझे दोबारा ब्याह करने में कोई आपत्ति नहीं।'

'अगर ऐसा है तो.......।'

राज बख्शी आगे कुछ न कह सके।

मूर्ति ने कहा ''लोग ठीक कहते हैं, मैने ही कहा था, कि अगर कोई मुझ से और रुक्की से दोनों से ब्याह करे तो मैं कर सकती हूँ.....।''

'आश्चर्यजनक, अजीब शर्त है।'

'नहीं अजीब नहीं। मूर्ति सामने वाली सड़क की ओर देखती रही। फिर कहने लगी 'साहब' अभी आपने कहा था, हम दोनों में यानि रुक्की और मुझ में एक को महिला होना चाहिए था और एक को मर्द। ये आपने सच्ची बात कही थी मुझे रुक्की जैसा मर्द चाहिए था।'

''लेकिन तू तो उसके लिए काम करती है, कमाती है, उसके मर्द की तरह.......।''

'मैं मर्द नहीं, मर्द की जगह हूँ, मर्द की तरह।'

राज बख्शी ने सोचा नहीं था कि मूर्ति से बातें करके वो इतना हैरान होंगे......। हंस दिए जैसे हंस कर हैरानी को छुपा रहे हों। मूर्ति बोली ''असल में मर्द न उसे मिला न मुझे, उसका पति भी फसाद के दिनों में......।''

'मूर्ति?' राज बख्शी झड़ते हुए पत्तों वाली टहनी की तरह खाली-खाली से मूर्ति की ओर देखने लगे...... फिर बोले ''वो पति तेरा भी और उसका भी....?'' ये बच्चा तेरा भी और उसका भी।

''हां साहब'' मूर्ति हंस पड़ी। भगवान एक बात भूल गया और भूलता ही गया।

राज़ बख्शी ने गाड़ी को धीरे किया और कहा, "बस्ती आने वाली है मूर्ति। अगर तुझे आपत्ति न हो तो मैं कुछ देर के लिए गाड़ी रोक लूं।"

मूर्ति की खामोशी...... बख्शी साहब की तरह मूर्ति को भी कठिन लगी 'हां साहब मैंने सुना है आप अच्छे आदमी हैं। और क्या सुना है?' राज बख्शी गाड़ी को रोकते हुए पूछने लगे और.....

वो ये कि आपका कोई बच्चा नहीं है.....।

"बच्चे की मां भी नहीं। राज बख्शी हंस दिए।"

"हां कोई भी नहीं।"

"कहां से सुना।"

"आप के ठेकेदार और चौकीदार सब मुझसे चाय पीने आते हैं, वो ये बातें कर रहे थे।"

"वो ये बातें भी करते हैं।"

"सिर्फ उस दिन कर रहे थे जिस दिन आपके घर की नींव रखी गई थी।"

"आपने उस दिन न शगुन किया न मोतीचूर के लड्डू बांटे, सब सोचते हैं कि आप अकेले हैं, इसलिए आपको मकान बनाने की कोई खुशी नहीं।"

राज बख्शी बहुत देर तक चुप रहे, लग रहा था जैसे उनमें और मूर्ति में बातें करने वाली सड़क टूट गई है। लेकिन ये सड़क शायद वो नहीं थी जो राज बख्शी के अपने जीवन की ओर मुड़ जाती थी, वो दूसरी ओर देख रहे थे उस सड़क को जो मूर्ति की ओर जाती थी। कहने लगे, "अच्छा मूर्ति, वो दूसरी औरत रुक्की मर्द नहीं है, इसलिए तुझे किसी और के साथ ब्याह करना पड़ा।" हां..... बारिश की बूंदें बरसने लगीं, राजबख्शी ने धुंधली हुई विंड स्क्रीन की ओर देखा, वाइपर चलाया, फिर कहने लगे, "दोनों का ब्याह तो एक आदमी के साथ हो सकता है, लेकिन बच्चा किस तरह?"

"आत्मा और शरीर में इतना फर्क होता है साहब, बस समझ लो आत्मा उसकी थी और शरीर मेरा।"

"शायद हो।" राज बख्शी ने कहा, फिर काफी देर चुप रहे। फिर बोले, उस समय एक आदमी के साथ ब्याह करना शायद मजबूरी या आवश्यकता होगी, लेकिन अब क्यों? अब भी आवश्यकता है, मजबूरी

नहीं है फिर भी आवश्यकता है।

"पहले कैसी आवश्यकता थी?"

"आवश्यकता सिर्फ पैसे की थी। वो आदमी बहुत अमीर था। उसके कई भट्टे थे, लोग कहते थे उसके भट्टे में मिट्टी की नहीं सोने की ईंटें पकती हैं।"

"फिर ?"

"उसकी पहली पत्नी रुक्की थी। नहीं पहली नहीं, पहली पत्नी मर चुकी थी या शायद उसे निकाल बाहर किया था। देखी नहीं, लेकिन सुना है, वो सुन्दर नहीं थी।"

"सुन्दर नहीं थी, इसलिए मर गई?" राज बख्शी हंस दिए।

"हां साहब ! मनुष्य को धिक्कारते रहो वो मुर्दा सा हो जाता है, और कभी तो मर भी जाता है।"

"फिर ?"

"फिर उसने रुक्की के साथ ब्याह किया, रुक्की बहुत सुन्दर थी, लेकिन कई साल बीत गए रुक्की के यहां बच्चा नहीं हुआ।"

"हां साहब लोग कहते हैं, भट्टों वाले को पहली का श्राप लगा था, कहते हैं जब वो मरी थी तो वो उम्मीद से थी। लेकिन उस आदमी ने उसे एक दिन इतना पीटा कि वो और उसका बच्चा......" मूर्ति पुरानी यादों के झोंके से लरज़ गई।

"उसने बच्चे के खातिर फिर तुमसे ब्याह किया?"

"हां साहब बच्चे की खातिर, मेरे मां-बाप से उसने एक तरह से मुझे मोल देकर खरीदा था।"

'फिर वो श्राप टूट गया।'

'नहीं...... हां।' मूर्ति की आवाज थिरक गई। फिर वो थिरकती आवाज को सहारा देकर पूछने लगी लेकिन साहब आप ये सब बातें क्यों पूछ रहे हैं, मैं आप को ये सब कुछ..... ये सब कुछ क्यों बताऊं?

राज बख्शी ने एक टक मूर्ति के चेहरे को देखा और फिर कहने लगे "मैं तुझे छह माह से देख रहा हूँ, मालूम नहीं क्यों..... मैं यहां रोज़ सिर्फ मकान के कारण नहीं आता..... शायद...... शायद....." राज बख्शी का दायां हाथ खड़ी गाड़ी के स्टीयरिंग पर था, उन्होंने बायां हाथ मूर्ति के कंधे पर रखते हुए पूछा "क्या मैं तुझसे ब्याह कर सकता हूँ......?"

"साहब आप?" मूर्ति के प्रश्न में जितना आश्चर्य था, आवाज़ में उतना नहीं था। फिर वो धीरे से कहने लगी, "अपने पर ज़ोर होता है, लेकिन सपनों पर जोर नहीं होता। मैंने तीन बार सुबह उठकर अपने आप को झिड़का था। मुझे साहब तीन रातों तक आपका सपना आता रहा।"

मुझे साहब न कहा कर, कुछ और कहा कर......।

मूर्ति चुप रही।

"अच्छा ये बता अगर मैं इस तरह सोचूं तो तू मेरे लिए भी यही शर्त लगाएगी वही रुक्की वाली....."

"हां।"

राज बख्शी ने मूर्ति के कंधे से हाथ हटा लिया और वो हाथ भी स्टीयरिंग व्हील पर रख दिया। बाहर बारिश तेज़ हो गई थी। विंड स्क्रीन पर धुंध गहरी होती जा रही थी लेकिन वाइपर पूरे जोर के साथ धुंध को साफ करते रहे.....।

"साहब...... बख्शी साहब। बात ये है जहां मैं रहूंगी, वहां रुक्की, जिस हाल में मैं रहूंगी उस हाल में वो......" मूर्ति कह रही थी, बख्शी साहब ने बात काटी इसमें कोई इंकार नहीं वो आराम और सुख से रहेगी। मूर्ति हंस दी "किस तरह?"

बख्शी साहब को मूर्ति का ये "किस तरह?" बेकार की बात लगी। लेकिन कहने लगे, "पूरे आदर और सम्मान के साथ, घर में मां और बहन की तरह.....।"

मूर्ति ने सामने विंड स्क्रीन की ओर देखा, वाइपर चल रहा था फिर भी हथेली से धुंध को पोंछते हुए कहने लगी "बस ये ही बात है बख्शी साहब वो घर में मां की तरह रहेगी, मां नहीं होगी सिर्फ मां की तरह होगी, बहन नहीं होगी, बहन की तरह होगी। ये ज्यादा देर नहीं चलता.....।"

राज बख्शी को लगा कि इस समय शायद मूर्ति के कंधे को उनके हाथ की आवश्यकता नहीं थी। लेकिन उनके हाथ को मूर्ति का कंधा चाहिए था। उनके हाथ कांप रहे थे। उन्होंने अपना बायां हाथ मूर्ति के कंधे पर रख दिया। मूर्ति कहने लगी "लेकिन जब कोई महिला किसी की पत्नी होती है, तो वो पत्नी होती है पत्नी की तरह नहीं होती......।"

"हां मूर्ति......" राज बख्शी ने दलील मान ली। फिर बोले "मुझे जीवन में पहली बार जो कुछ भी मिला बांटना पड़ा था, दूसरी बार तो जान

बूझकर...... ।''

''लेकिन उसने जो कुछ मेरे साथ बांटा है वो कोई और नहीं बांट सकता... ।''

''वो आवश्यकता थी।''

''एक सौतन कहलाने वाली महिला जो कुछ बांटती है मैं उसकी बात नहीं कर रहा।''

'फिर?'

मूर्ति काफी देर तक चुप रही, जैसे कुछ कहने से पहले फैसला कर रही हो, फिर उसने ध्यान से बख्शी साहब के चेहरे की ओर देखा, उसे लगा उनके चेहरे पर ऐसा सच था जो उसने पहले किसी और मर्द के चेहरे पर नहीं देखा था......फिर उसने सोचा ''मेरे जीवन का सच चाहे जो भी है, लेकिन मुझे सच के बदले सिर्फ सच बताना है।'' कहने लगी भट्टों वाला मुझे मेरे मां-बाप से मांग रहा था, मेरे मां-बाप गरीब थे लेकिन इतने नहीं कि मुझे बेचे बगैर उनका गुजारा नहीं हो सकता था। जो लड़का मुझे पसंद था उसने मेरे साथ ब्याह करने का वचन दिया हुआ था। मैं जवान थी, ''मूर्ति ने कड़वी हंसी का घूंट भरा और फिर कहने लगी'' उसी दिन से मुझे उससे चिढ़ हो गई।

राज बख्शी चुप थे। मूर्ति ने भी चुप बांध ली, फिर कहने लगी ''ये हमारी महिलाओं की भाषा समझ रहे हैं ना।'' राज बख्शी ने हां में सर हिलाया...... जब मुझे मालूम हुआ कि उसने ब्याह करने से मना कर दिया है तो एक पुरुष का बदला दूसरे पुरुष से लेने के लिए मैने मां-बाप से कह दिया मैं भट्टों वाले से शादी करूंगी।

''और ये बच्चा?''

भट्टों वाले का नहीं...... आप ने पूछा था आखिर उसका श्राप टूट गया तो मेरे मुंह से निकला था नहीं बाद में मैंने हां कहा था, लेकिन पहले सच ही मुंह से निकला था। ये बात रुक्की जानती है।

''केवल उसी को पता है या और किसी को भी।'' केवल उसी को।

''लेकिन उसने..... राज बख्शी सोचने लगे रुक्की का उस समय मूर्ति से जो रिश्ता था, उसमें मूर्ति को बचाकर रखना मुमकिन नहीं था। मूर्ति कह रही थी'' उस बच्चे को मैंने मां के दिल की पूरी नफरत के साथ जन्म दिया था लेकिन रुक्की ने बड़े चाव से उसे पाला। उस समय तक रुक्की

को कुछ पता नहीं था। वो भली महिला है। वो अपने शरीर के अरमान मेरे शरीर से पूरा होते देखकर खुश थी। मूर्ति की आवाज़ बारिश की बूंदों में भीग गई।

'फिर?'

"वो कमीना जिसका ये बच्चा था और भी कमीनगी पर उतर आया। मुझे धमका कर उसने दो बार मुझसे पांच-पांच सौ रुपये लिए। मैंने तंग आकर सोचा कि अगर मैं मरूंगी तो इस बच्चे को भी मैं जिन्दा नहीं रहने दूंगी। उसकी फिर धमकी मिली...... मैं पागल सी हो गई। एक रात बच्चे को उठाया और अंधेरे में बाहर कुएं की ओर दौड़ पड़ी। बच्चा रुक्की के पास सोता था, उसके पास से बच्चे को उठाया तो रुक्की भी जाग उठी। वो जाग उठी है ये मुझे तब पता चला जब वो मेरे पीछे-पीछे कुएं तक आ पहुंची, वहां मैने उसे सब कुछ बताया। लेकिन वो मुझे गले से लगाकर वापिस ले आई......।"

"उसने मेरे पति को कुछ नहीं बताया।"

राज बख्शी चकित थे।

उसे बच्चे से वास्तव में प्यार था। इतना ही नहीं उसने चोरी छुपे उस कमीने को बुलाया जो मुझे धमकाता रहता था। रुक्की ने उससे कहा भट्टों वाले को सब कुछ पता हो गया है, इसलिए धमकी देने से कोई लाभ नहीं बल्कि भट्टों वाले ने तुझे मार डालने का बन्दोबस्त कर लिया है। इसलिए अगर तुझे अपना जीवन प्रिय है तो इधर मत आना।

राज बख्शी की आंखों में पानी भर आया, उसने हल्की रोशनी में झोंपड़ी में बैठी रुक्की को दूर से देखा हुआ था। वो मूर्ति को देखने लगे उन्हें लगा मूर्ति के चेहरे पर जो तेज था वो केवल उसकी जवानी का नहीं था वो रुक्की का भी था।

मूर्ति कह रही थी, "ये बच्चा तो सचमुच उसका है, मेरा तो बस. ...." राज बख्शी ने जोर से मूर्ति का कंधा पकड़ लिया। मूर्ति कहने लगी "मुझे मालूम है मेरी उम्र छोटी है इसलिए लोग मुझे देखते हैं लेकिन अब जो हक उसे नहीं मिलता वो मैं भी नहीं लेती।"

राज बख्शी बहुत देर तक चुप रहे फिर हाथ से मूर्ति के चेहरे को अपनी ओर करके कहने लगे "तुझे भी जिंदगी का एक कर्ज़ उतारना है और मुझे भी।"

मूर्ति चुपचाप बड़े ध्यान से उनकी ओर देखती रही। राज बख्शी एक गहरी सांस लेकर कहने लगे "मुझे अपने सगे भाई का कर्ज़ उतारना है। मुझे पूरी तरह होश भी नहीं था जब मेरी भाभी ने मेरे साथ संबंध बनाया था। मैं कुछ नहीं जानता था, केवल शरीर जलता रहा और मैं दिन ब दिन बुझता रहा।"

पता नहीं मूर्ति ये सब कुछ समझ रही थी कि नहीं। राज बख्शी ने ध्यान से उसकी ओर देखा, फिर कहा, "उसकी जिस साल शादी हुई थी, उसे उसी साल कोई रोग हो गया था। मुझे ये बात बहुत बाद में पता चली, लेकिन भाभी को ये पहले से पता थी। उसने बच्चे की आस खिलौने की तरह तोड़ दी थी। वो बहुत छोटे घर से आई थी, सब कुछ अपने पास रखने की कोशिश करती थी वो मुझे भी अपने बस में रखना चाहती थी। मैं रुकी हुई घड़ी में समय देखता रहा, कुछ समझा नहीं..... भाई का दुख देखा पर समझा नहीं। मुझे अपने भाई का बहुत बड़ा कर्ज उतारना है मूर्ति. ...." मूर्ति जो कांसे की मूर्ति की तरह दिखाई देती थी, हड्डी और मांस की महिला की तरह लरज़ गई। राज बख्शी कह रहे थे "अब मेरा भाभी के साथ कोई वास्ता नहीं, लेकिन मेरा भाई अभी भी शक करता है, मैं बीते हुए साल वापिस नहीं ला सकता लेकिन...... आगे.......।"

मूर्ति के होंठ धीरे से हिले।

बारिश की बौछार से चारों ओर धुंध फैली हुई थी। राज बख्शी गाड़ी के अंदर की हल्की रोशनी में मूर्ति के चेहरे को देख रहे थे, फिर बोले.. ..... आओ मूर्ति आओ..... अपने-अपने कर्ज़ उतारें।

"आप" मूर्ति ने उनकी ओर देखा, फिर कुछ आश्चर्य से अपने आप को देखने लगी, जैसे खुद को उनकी आंखों से देख रही हो.......। राज बख्शी ने हां में सर हिलाया। मूर्ति के लिए शायद अब भी एक बार पूछने की आवश्यकता थी और रुक्की भी......?

राज बख्शी ने मूर्ति के माथे को यूं चूमा कि मूर्ति को लगा..... उनकी 'हां' उसके विश्वास के बराबर हो गई है......।

●

पांच बरस लम्बी सड़क

सेंक मौसम का था, मन का नहीं।

हवाई जहाज़ वक्त पर आया था, पर नीचे एयरपोर्ट से अभी सिग्नल नहीं मिल रहा था। जहाज़ को दिल्ली पहुँचने की खबर देकर भी, अभी दस मिनट और गुज़ारने थे, इसलिए शहर के ऊपर उसको कुछ चक्कर लगाने थे।

उसने खिड़की में से बाहर झांकते हुए शहर के मुँडेरे पहचाने। मुँडेरे, किले, खँडहर, खेत......

'क्या पहचान सिर्फ आँखों की होती है? आँखें इस पहचान को अपने से आगे, कहीं नीचे तक, क्यों नहीं उतारतीं? - उसे ख़याल आया पर एक धुन जैसी सोच की तरह नहीं, ऐसे ही राह जाता ख़याल।

मुँडेरे, किले, खँडहर, खेत-उसने कई देशों के देखे थे। हर देश में इन चीज़ों के यही नाम होते हैं, चाहे हर देश में इन चीज़ों का अलग-अलग इतिहास होता है। इनके रंग, इनके क़द, इनकी मुँह-मुहार भी अलग-अलग होती है-एक इंसान से अलग दूसरे इंसान की तरह। पर फिर भी इंसान का नाम इंसान ही रहता है। मुँडेरों का नाम भी मुँडेरे ही रहता है, किले का नाम भी किला ही......

सिर्फ एक हलका-सा गर्म फ़र्क था-हर देश में इन चीज़ों को देखते वक्त एक ख़याल-सा रहता था कि वह इन्हें पहली बार देख रहा था पर आज अपने देश में इन्हें देखकर उसे लग रहा था कि वह इन्हें दूसरी बार देख रहा था और उसे ख़याल आया अगर वह फिर कुछ दिनों बाद परदेश गया तो वहाँ जाकर, उन्हें देखकर भी, इसी तरह लगेगा कि वह उनको दूसरी बार देख रहा है। बिल्कुल आज की तरह। यह देश और परदेश का फर्क नहीं था। यह सिर्फ पहली बार, और दूसरी बार देखने का फ़र्क था।

जहाज़ ने लैण्ड किया। एयरपोर्ट भी जाना-पहचाना सा लगा, दूसरी बार देखने की तरह। इससे ज्यादा उसके मन में कोई सेंक नहीं था।

ओवरकोट उसके हाथ में था। गले का स्वेटर भी उतारकर उसने कंधे पर रख लिया।

सेंक मौसम का था, मन का नहीं।

कस्टम में से गुज़रते वक्त उसे एक फ़ार्म भरना था कि पिछले नौ दिन वह कहाँ-कहाँ रहा था। पिछले नौ दिन वह सिर्फ जर्मनी में रहा था। उसने फ़ार्म भर दिया और उसे ख़याल आया - अच्छा है, कस्टम वाले सिर्फ नौ दिनों का लेख पूछते हैं, बीस-पचीस दिनों का नहीं। नहीं तो उसे सिलसिलेवार याद करना पड़ता कि कौन-सी तारीख़ वह किस देश में रहा था। उसने वापस आते समय कोई एक महीना सिर्फ़ इसी तरह गुज़ारा था-कभी किसी देश का टिकट ले लेता था, कभी किसी देश का। अगर किसी देश का वीज़ा उसे नहीं मिलता था तो वह दूसरे देश चल पड़ता था.....

पासपोर्ट की चेकिंग करते समय और पासपोर्ट वापस करते हुए, एक अफ़सर ने मुस्करा कर कहा था, 'जनाब पाँच बरस बाद देश आ रहे हैं।'

बिल्कुल उसी तरह जिस तरह एयर होस्टेस ने राह में कई बार बताया था कि इस वक्त तक हम इतने हज़ार किलोमीटर तय कर चुके हैं। गिनती अजीब चीज़ होती है, चाहे मीलों की हो या बरसों की। उसे हँसी-सी आयी।

जहाज़ में से उसके साथ उतरे हुए लोगों को लेने आये हुए लोग-हाथ मिलाकर भी मिल रहे थे, गले में बाँहें डालकर भी मिल रहे थे। कइयों के गले में फूलों के हार भी थे। 'पसीने की और फूलों की गंध से शायद एक तीसरी गंध और भी होती है उसे ख़याल आया।' पर तीसरी गंध की बात उसे एक थीसिस लिखने के बराबर लगी। वह अभी-अभी एक परदेशी ज़बान सीखकर और उसके लिटरेचर पर थीसिस लिख कर, एक डिग्री लेकर आया था। नये थीसिस की कोई बात वह अभी नहीं सोचना चाहता था। इसलिए सिर्फ़ पसीने और फूलों की गंध सूंघता हुआ वह एयरपोर्ट से बाहर आ गया।

घर में सिर्फ़ माँ थी।

जाते वक़्त बाप भी था, छोटा भाई भी, और एक लड़की.... नहीं, वह

लड़की घर में नहीं थी, वह सिर्फ उसी दिन उसके जाने वाले दिन आयी थी। माँ को सिर्फ ऐसे ही कुछ घंटों के लिए भ्रम हुआ था कि वह लड़की. .... छोटा भाई ब्याह करा के अब दूर नौकरी पर रहता था, घर में नहीं था। बाप अब इस दुनिया में कहीं नहीं था। इसलिए घर में सिर्फ माँ थी।

कई चीज़ें अन्दर से बदल जाती हैं, पर बाहर से वही रहती हैं। कई चीज़ें बाहर से बदल जाती हैं, पर अंदर से वही रहती हैं।

उसका कमरा बिल्कुल उसी तरह था-उसका पीला ग़लीचा, उसकी खिड़की के टसरी परदे, उसकी मेज़ पर पड़ा हुआ हरी धारियों का फूलदान और दहलीज़ों में पड़ा हुआ गहरा ख़ाकी पायदान। चाँदनी का पौधा भी उसकी खिड़की के आगे उसी तरह खिला हुआ था पर पहले इस सब कुछ की गंध-दीवारों की ठंडी गंध के समेत-उसके साथ लिपटी सी जाती थी और अब उसे लगा कि वह उसके साथ लिपटने से सकुचाती, सिर्फ उसके पास से गुज़रती थी और फिर परे हो जाती थी। पता नहीं, उसके अन्दर कहाँ क्या बदल गया था।

माँ कश्मीरी सिल्क की तरह नरम होती थी और तनी-सी भी। पर उम्र ने उसे जैसे धो-सा दिया था। वह सारी-की-सारी सिकुड़ गयी लगती थी। माँ से मिलते वक्त उसका हाथ माँ के मुँह पर ऐसे चला गया था जैसे उसे हथेली से मांस की सारी सिकुड़नें निकाल देनी हों। माँ की आवाज़ भी बड़ी धीमी और क्षीण-सी हो गयी लगती थी। शायद पहले उसकी आवाज का ज़ोर उसके कद जितना नहीं, उसके मर्द के क़द जितना था और उसके बिना अब वह नीचा हो गया था, मुश्किल से उसके अपने कद जितना। जब उसने बेटे का मुँह देखा था, उसकी आँखें उसी तरह सजग हो उठी थीं जैसे हमेशा होती थीं। वह कहीं किसी जगह, बिल्कुल वही थी, जो हमेशा होती थी। सिर्फ़ उसके बाहर बहुत कुछ बदल गया था।

"मुझे पता था, तू आज या कल किसी दिन भी अचानक आ जाएगा," माँ ने कहा।

उसने अपने कमरे में लगे हुए ताजे फूलों को देखा और फिर माँ की तरफ़।

माँ की आवाज़ सकुचा-सी गयी "यह तो मैं रोज़ ही रखती थी।"

"रोज़? कितने दिनों से ?" वह हँस पड़ा।

"रोज़," माँ की आवाज़ उसके जिस्म की तरह और सिकुड़ गयी,

"जिस दिन से तू गया था।"

"पाँच बरसों से?" वह चौंक-सा गया।

माँ सकुचाहट से बचने के लिए रसोई में चली गई थी।

उसने जेब में से सिगरेट का पैकेट निकाला। लाइटर पर उंगली रखी, तो उसका हाथ ठिठक गया। उसने माँ के सामने आज तक सिगरेट नहीं पी थी।

माँ ने शायद उसके हाथ में पकड़ा हुआ सिगरेट का पैकेट देख लिया था। वह धीरे से रसोई में से बाहर आकर, और बैठक में से ऐश-ट्रे लाकर उसकी मेज़ पर रख गयी।

उसे याद आया-छोटे होते हुए माँ ने उसे एक बार चोरी से सिगरेट पीते देख लिया था और उसके हाथ से सिगरेट छीनकर खिड़की से बाहर फेंक दी थी....

माँ शायद वही थी पर वक़्त बदल गया था।

माँ फिर रसोई में चली गयी। वह चुपचाप सिगरेट पीने लगा।

"मुझे पता था, तू आज या कल किसी दिन भी आ जाएगा....." उसे माँ की अभी कही गयी बात याद आयी और उसके साथ मिलती-जुलती एक बात भी याद आयी। "मुझे पता लग जाएगा जिस दिन तुम्हें आना होगा, मैं खुद उस दिन तुम्हारे पास आ जाऊंगी।"

बहुत देर हुई, जब वह परदेश जाने लगा था, उसे एक लड़की ने यह बात कही थी।

उस लड़की से उसकी दोस्ती पुरानी नहीं थी, वाक़फ़ियत पुरानी थी, दोस्ती नहीं थी। पर पाँच बरसों के लिए परदेश जाने के वक़्त, जाने की ख़बर सुनकर, अचानक उस लड़की को उसके साथ मुहब्बत हो गयी थी-जैसे जहाज़ में बैठे किसी मुसाफ़िर को अगले बन्दरगाह पर उतर जाने वाले मुसाफ़िर से अचानक ऐसी तार जुड़ी-सी लगने लगती है कि पलों में वह उसे बहुत कुछ दे देना और उससे बहुत कुछ ले लेना चाहता है।

और ऐसे वक़्त पर बरसों में गुज़रने वाला पलों में गुज़रता है।

उसने यह 'गुज़रना' देखा था। अपने साथ नहीं, उस लड़की के साथ।

"तुम्हारा क्या ख़याल है, मैं जो कुछ जाते वक़्त हूँ, वही आते वक्त होऊँगा?" उसने कहा था।

"मैं तुम्हारी बात नहीं कहती, मैं अपनी बात कहती हूँ" लड़की ने जवाब दिया था।

"तुम यहीं होगी, यह तुम्हें किस तरह पता है?"

"लड़कियों को पता होता है।"

"तो लड़कियाँ बावरी होती हैं।"

वह हँस पड़ा था। लड़की रो पड़ी थी।

जाने में बहुत थोड़े दिन थे। पाँच दिन और पाँच रातें लगाकर उस लड़की ने एक पूरी बाँहों वाला स्वेटर बुना था। उसे पहनाया था और कहा था, "बस एक..... इक़रार माँगती हूँ, और कुछ नहीं। जिस दिन तुम वापस लौटो, गले में यही स्वेटर पहनकर आना।"

"तुम्हारा क्या ख़याल है, मैं वहाँ पाँच बरस....." उसने जो कुछ लड़की को कहना चाहा था, लड़की ने समझ लिया था।

जवाब दिया था, "मैं तुमसे अनहोने इक़रार नहीं माँगती। सिर्फ यह चाहती हूँ कि वहाँ का वहाँ ही छोड़ आना।"

वह कितनी देर तक उस लड़की के मुँह की तरफ देखता रहा था। और फिर उसको यह सब कुछ एक अनादि औरत का अनादि छल लगा था। वह बेवफ़ाई को छूट दे रही थी पर उस पर वफ़ा का भार लादकर।

कह रही थी, "मैं तुम्हें ख़त लिखने के लिए भी नहीं कहूंगी। सिर्फ़ उस दिन तुम्हारे पास आऊँगी, जिस दिन वापस आओगे।"

"तुम्हें किस तरह पता लगेगा, मैं किस दिन वापस आऊँगा?" लड़की को टीज करने के लिए उसने कहा था।

और उसने जवाब दिया था, "मुझे पता लग जाएगा, जिस दिन तुम्हें आना होगा।"

उस दिन वह हंस दिया था।

उसने परदेश देखे थे, बरस देखे थे, लड़कियाँ भी देखी थीं।

पर किसी चीज़ में उसने डूबकर नहीं देखा था, सिर्फ किनारों से छूकर।

और वह सोचता रहा था-शायद डूबना उसका स्वभाव नहीं, या वह चलता है, तो एक भार भी उसके साथ चलता है, और उसके पैरों को हर जगह कुछ रोक-सा लेता है.....

इन बरसों में उसने कभी उस लड़की को ख़त नहीं लिखा था। लड़की ने कहा भी इसी तरह था।

हर देश की दोस्ती उसने उसी देश में छोड़ दी थी। यह शायद उसका अपना ही स्वभाव था, या इसलिए कि उस लड़की ने कहा था।

सिर्फ वापस आते वक़्त, जब वह अपना सामान पैक कर रहा था, उसने स्वेटर को हाथ में पकड़कर वह कितनी देर सोचता रहा था कि वह उसे और चीज़ों के साथ पैक कर दे या उस लड़की की बात रख ले और उसे पहन ले।

जो स्वेटर पहनकर जाना, पाँच बरसों के बाद वही पहनकर आना, उसे एक मूर्खता की-सी बात लगी थी। मूर्खता की-सी भी और जज़्बाती भी।

और एक हद तक झूठी भी। क्योंकि जिस बदन पर यह स्वेटर पहनना था वह उस तरह नहीं था जिस तरह वह लेकर गया था।

पर उसने स्वेटर को पैक नहीं किया। गले में डाल दिया। ऐसे जब वह स्वेटर पहनकर शीशे के सामने खड़ा हुआ-उसे आर्ट गैलरियों में बैठे वे आर्टिस्ट याद आ गये, जो पुरानी और क्लासिक पेण्टिंग्ज़ की हूबहू नकलें तैयार कहते हैं।

और स्वेटर पहनकर उसे लगा-उसने भी अपनी एक नक़ल तैयार कर ली थी।

इस नक़ल से वह शर्मिन्दा नहीं था, सिर्फ इस नक़ल पर वह हंस रहा था।

माँ को वह सब कुछ याद था, जो कभी उसे अच्छा लगता था। लेकिन वह स्वयं भूल गया था।

"देख तो अच्छा बना है?" माँ ने जब पनीर का परांठा बनाकर उसके आगे रखा, तो उसको याद आया कि पनीर का परांठा उसे बहुत अच्छा लगता था। माँ ने जाने वाले दिन भी बनाया था।

उसने एक कौर तोड़कर मक्खन में डुबाया और फिर माँ के मुँह में डालकर हँस पड़ा- "वहाँ लोग पनीर तो बहुत खाते हैं, पर पनीर का परांठा कोई नहीं बनाता।"

यह छुटपन से उसकी आदतें थीं। जब वह बड़ा रौ में होता था, रोटी का पहला कौर तोड़कर माँ के मुँह में डाल देता था।

"तू सात विलायत घूमकर भी वही का वही है," माँ के मुँह से निकला और उसकी आँखों में पानी भर आया। भरी आँखों से वह कह रही थी, "तू आया है, सब कुछ फिर उसी तरह हो गया है।"

वह 'वह' नहीं था। कुछ भी वह नहीं था, जाते वक़्त जो कुछ था वह सब बदल गया था। उसने बाप की बात नहीं छेड़ी थी, सिर्फ़ उसके खाली पलंग की तरफ देखा था और फिर आँखें परे कर ली थीं। माँ के दिन-ब-दिन मुरझाते मुँह की बात भी नहीं की थी। छोटे भाई की ख़ैर-ख़बर पूछी थी, पर यह नहीं कहा था कि माँ को अकेला छोड़कर उसे इतनी दूर नहीं जाना चाहिए था। पर माँ कह रही थी, "सब कुछ फिर उसी तरह हो गया है...."

"झटपट जो कोई भुलावा पड़ जाए, क्या हरज है," उसने सोचा भी यही था। माँ के मुँह में अपनी रोटी का कौर भी इसीलिए डाला था।

उसने कोई और भी माँ की मरज़ी की बात करनी चाही। पूछा, "भाभी कैसी हैं? तुम्हें पसन्द आयी हैं?"

माँ ने जवाब नहीं दिया। सिर्फ सवाल-सा किया, "मेरा ख़याल था, तू विलायत से कोई लड़की......"

वह हँस पड़ा।

"बोलता क्यों नहीं?"

"विलायत की लड़कियाँ विलायत में ही अच्छी लगती हैं, सब वहीं छोड़ आया हूँ।"

"मैंने तो इस महीने पिछले दोनों कमरे खाली करवा लिये थे। सोचा था, तुझे जरूरत होगी।"

"ये कमरे किराये पर दिये हुए थे?"

"छोटा भी चला गया था। घर बड़ा खाली था इसलिए पिछले कमरे चढ़ा दिये थे। ज़रा हाथ भी खुला हो गया था...."

"तुम्हें पैसों की कमी थी?" उसे परेशानी-सी हुई।

"नहीं, पर हाथ में चार पैसे हों तो अच्छा होता है।"

"छोटे की तनख़्वाह थोड़ी नहीं, वह....."

"पर वह भी अब परिवार वाला है, आजकल में ही उसके घर...."

"सो मेरी माँ दादी बन जाएगी...."

उसने माँ को हँसाना चाहा, पर माँ कह रही थी, "मुझे तो कोई उम्र

नहीं था जो तू विलायत से कोई लड़की....."

वह माँ को हँसाने के यत्न में था। इसलिए कहने लगा, "लाने तो लगा था पर याद आया कि तुमने जाते समय पक्की की थी कि मैं विलायत से किसी को साथ न लाऊँ।"

उसे याद आया-जाने वाले दिन, वह लड़की जब मिलने आयी थी, वह माँ को अच्छी लगी थी। माँ ने उन दोनों को इकट्ठे देखकर, ताकीद दी थी, "देख, कहीं विलायत से न कोई ले आना। कोई भी अपने देश की लड़की की रीस नहीं कर सकती......"

पर इस वक़्त माँ कह रही थी, "वह तो मैंने वैसे ही कहा था। तेरी खुशी से मैंने मुनकिर क्यों होना था। पीछे एक ख़त में मैंने तुझे लिखा भी था कि जो तेरा जी चाहता हो...."

"यह तो मैंने सोचा, तुमने ऐसे ही लिख दिया होगा," "वह हँस पड़ा और फिर कहने लगा, "अच्छा, जो तुम कहो तो मैं अगली बार ले आऊँगा।"

"तू फिर जाएगा?" माँ घबरा-सी गयी।

"वह भी जो तुम कहो तो, नहीं तो नहीं।"

उसे लगा, उसे आते ही जाने की बात नहीं करनी चाहिए थी। आते वक़्त उसे एक यूनिवर्सिटी से एक नौकरी ऑफर हुई थी। पर वह इतने बरसों बाद एक बार वापस आना चाहता था। चाहे महीनों के लिए ही।

"जो तुम कहोगी तो नहीं जाऊँगा," उसने फिर एक बार कहा।

माँ को कुछ तसल्ली आ गयी। कहने लगी, "तू सामने होगा, चूल्हे में आग जलाने की तो हिम्मत आ जाएगी, वैसे तो कई बार चारपाई पर से नहीं उठा जाता।"

"माँ, तुम इतनी उदास थीं, तो छोटे के साथ, उसके घर....."

"मैं यहाँ अपने घर अच्छी हूँ। अब तू आ गया है, मुझे और क्या चाहिए।" उसको लगा माँ बहुत उदास थी और शायद उसकी उदासी का सम्बन्ध सिर्फ उसके अकेलेपन से नहीं, किसी और चीज़ से भी था।

खिड़की में से आती धूप की लकीर दीवार पर बड़ी शोख-सी दिख रही थी। उसने खिड़की के परदे को सरकाया और उसे ग़लीचे का पीला रंग ऐसे लगा जैसे निश्चिन्त-सा होकर कमरे में सो गया हो।

"तू थक गया होगा। कुछ सो ले," माँ ने कहा, और मेज़ पर से प्लेटें

उठाकर कमरे से जाने लगी।

"नहीं, मुझे नींद नहीं आ रही," उसने हल्का-सा झूठ बोला और कहा, "मैं तुम्हारे लिए एक-दो चीज़ें लाया हूँ, देखूँ पूरी आती हैं कि नहीं।"

उसने सूटकेस खोला। एक गरम काली ऊन की शाल थी, पंखों जैसी हलकी।

माँ के कंधों पर डालकर कहने लगा, "यह जाड़े की चीज़ है, पर एक मिनट अपने ऊपर ओढ़कर दिखाओ। यह तुम्हें बड़ी अच्छी लगेगी।"

फिर उसने फर के स्लीपर निकाले। माँ के पैरों में पहनाकर कहने लगा, "देखो, कितने पूरे आये हैं। मुझे डर था, छोटे न हों।"

"इस उम्र में मुझे अच्छे लगेंगे?" माँ की आँखों में पानी-सा भर आया था। छोटी-सी डिब्बी में कुछ सिक्के थे-इटली के लीरा, यूगोस्लाविया के दीनार, बलगारिया के लेबा, हंगरी के फारेण्टस, रोमानिया के लेई, जर्मनी के दीनार..... उसने सिक्कों को खनकाया और कहने लगा, "माँ, तुमने कहा था न कि छोटे के घर बहुत जल्दी कोई बच्चा......।"

"हाँ-हाँ कहा था," माँ कमरे से जाने के लिए उतावली-सी लगी।

'यह अपने भतीजे को दूंगा।'

और फिर उसने सूटकेस में से और चीज़ें निकालीं-"छोटे के लिए यह कैमरा, और भाभी के लिए यह....."

माँ रुआँसी-सी हो गयी।

उसका हाथ रुक गया।

"माँ, क्या बात है तुम मुझे बताती क्यों नहीं?"

माँ चुप थी।

उसने माँ के कन्धे पर हाथ रखा।

माँ को कोई कहीं कसूरवार लगता था। पता नहीं, कौन? और सोच-सोचकर उसे अपना मुँह ही कसूरवार लगने लगा था। उसने एक विवशता से उसकी तरफ देखा।

"माँ, तुम कुछ बताना चाहती हो, पर बताती नहीं।"

"वह लड़की...."

"कौन-सी लड़की?"

"जो तुझे उस दिन मिलने आयी थी, जिसने तेरे लिए एक

स्वेटर....."

"हाँ, क्या हुआ उस लड़की को?"

"उसने छोटे के साथ ब्याह कर लिया है।"

माँ के कन्धे पर रखा हुआ उसका हाथ कस-सा गया। एक पल के लिए उसे लगा कि हाथ ने कन्धे का सहारा लिया था, पर दूसरे पल लगा कि हाथ ने कंधे को सहारा दिया था।

और वह हँस पड़ा-"सो वह मेरी भाभी है !"

माँ उसके मुँह की तरफ देखने लगी।

"मुझे ख़त में क्यों नहीं लिखा था?"

"क्या लिखती..... यह उन्होंने लिखने वाली बात की थी?"

"छोटे ने सिर्फ ब्याह की खबर दी थी और कुछ नहीं लिखा था।"

"दोनों शरमिन्दे तुझे क्या लिखते !"

खुले सूटकेस के पास जो दूसरा बन्द सूटकेस था, उस पर उसका ओवरकोट और वह स्वेटर पड़ा हुआ था जो उसने सुबह आते वक़्त पहना था।

वह एक मिनट स्वेटर की तरफ़ देखता रहा। स्वेटर गुच्छा-सा होकर अपने-आपको ओवरकोट के नीचे छिपाता-सा लग रहा था।

●

एक मर्द : एक औरत

अलमारी का शीशा बहुत लंबा था - उसके क़द जितना।

वह अपने कोट के बटन खोलने लगा था, उसका हाथ पहले बटन पर ही रुक गया जैसे शीशे के बीच वाले हाथ ने उसका हाथ पकड़ लिया हो।

"कपड़े नहीं बदलोगे?" औरत की आवाज़ आयी।

मर्द हँस-सा दिया। शीशे में भी कुछ हिल-सा गया।

"तुमने 'पिक्चर ऑफ़ डोरियन ग्रे' पढ़ी है?" मर्द ने पूछा।

"पिक्चर ऑफ़ डोरियन ग्रे?"

"आस्कर वाइल्ड का सबसे मशहूर उपन्यास।"

"मेरा ख़याल है, कॉलेज के दिनों में पढ़ी थी, पर इस वक़्त याद नहीं. ... शायद उसमें एक पेंटिंग की कोई बात थी...."

"हाँ, पेंटिंग की। वह एक बड़े हसीन आदमी की पेंटिंग थी....."

"फिर शायद वह आदमी हसीन नहीं रहा था, और उसके साथ ही उसकी पेंटिंग बदल गयी थी.... कुछ ऐसी ही बात थी।"

"नहीं, वह उसकी दिखती शक्ल के साथ नहीं बदली थी, उसके मन की हालत से बदली थी। रोज़ बदलती थी।"

"अब मुझे याद आ गया है। आदमी उसी तरह हसीन रहा था, पर पेंटिंग के मुँह पर झुर्रियाँ पड़ गयी थीं.... ।"

"उसके मन की सोचों की तरह।"

"अब मुझे सारी कहानी याद आ गयी है।"

"मेरा ख़याल है, यह शीशा...."

"यह शीशा?"

"सामने शीशे में देखो, मेरी शक्ल बदल गई है।'

"आज पार्टी में तुमने बहुत पी थी।"

"नहीं, बहुत नहीं, मैं अभी और पीना चाहता हूँ....यहाँ अकेले, इस शीशे के सामने बैठकर.... और देखना चाहता हूँ..... यह शक्ल और कितनी बदल सकती है....."

औरत परे खड़ी थी, उधर पलंग के पास। इधर मर्द के पास आयी, शीशे के पास। उसकी आवाज़ में दिलजोई थी। कहने लगी, "आज की पार्टी में कोई सबसे हसीन आदमी अगर था, तो वह सिर्फ तुम। तुमने उनकी शक्लें नहीं देखीं? उन सबकी, जिन्हें तुमने पार्टी पर बुलाया था.. ... वे मांस के ढेर से....."

"मैं उनकी बात नहीं कर रहा, सिर्फ अपनी कर रहा हूँ।"

"हाँ, देख लो शीशे में - तुम्हारा वही चन्दन की गेली जैसा जिस्म। माथा, आँखें..... नाक..... जैसे खुदा ने फुरसत में बैठकर गढ़े हों......" औरत ने कहा। वह अभी भी दिलजोई की रौ में थी।

"यह शब्दावली शायरों के लिए रहने दो...." मर्द खीझ सा गया।

"मेरा ख़याल है, तुम थक गये हो। वैसे भी रात आधी होने को है....."

"पर तुम शीशे में क्यों नहीं देंखतीं? देखने से डरती हो?"

"शीशे में कुछ और हो जाएगा?"

"हो जाएगा नहीं, हो गया है।"

"कहाँ? कुछ भी नहीं हुआ....."

"अभी हुआ था, मैंने खुद देखा था.... मैं जब हँसा था, शीशे में मेरा यही मुँह रो पड़ा था..... यह शीशा डोरियन ग्रे की पेंटिंग की तरह...."

"मैं गुसलखाने में से नाइट-सूट ला देती हूँ, इस निशानी के बग़ैर मैं क्या होऊँगा..... तुमने ही कहा था कि इस पार्टी के लिए मुझे नया सूट सिलवाना चाहिए......."

"मैंने ठीक कहा था, वह सब तुमसे बड़े इम्प्रेस हुए लगते थे....."

"इसलिए मैं यह सूट उतारना नहीं चाहता।"

"पर अब घर में कोई नहीं।"

"अभी मैं हूँ...."

औरत को अब यकीन हो गया था कि वह अब बहक गया है इसलिए बोली नहीं।

मर्द ने ही कहा, "उस वक़्त मैंने उनको इम्प्रेस किया था, पर इस वक़्त अपने आप को करना है, इसलिए अभी यह सूट नहीं उतार सकता।"

औरत चुप थी।

"कुछ व्हिस्की बची है?" मर्द ने पूछा।

औरत के मुँह पर से एक सोच की परछाईं गुजर गयी। परछाईं को पसीने की तरह पोंछकर वह बोली, "नहीं।"

"मेरा ख़याल है, तुम्हें झूठ बोलने का अभी ढंग नहीं आया।" मर्द हंस दिया।

"पर इस वक्त मैं और नहीं पीने दूंगी।"

"सिर्फ एक गिलास...."

"नहीं।"

"तुमने उन्हें किसी गिलास के लिए मना नहीं किया था।"

"वे गेस्ट थे..."

"रिस्पेक्टेबल गेस्ट... रिस्पेक्टेबल सिर्फ वे थे, मैं नहीं?"

"मैंने रिस्पेक्टेबल नहीं कहा, सिर्फ गेस्ट कहा है।"

"तुम मुझे भी अपना गेस्ट समझ लो...."

"क्या?"

"यह घर तुम्हारा है, मैं तुम्हारा गेस्ट हूँ।"

"यह घर सिर्फ मेरा है?"

"घर सिर्फ औरत का होता है।"

औरत को इस वक़्त कुछ भी कहना ठीक नहीं लगा। उसे लगा कि इस वक़्त सिर्फ सो जाना चाहिए। वह चुपचाप गुसलखाने में गयी और मर्द का नाइट-सूट लाकर, पलंग की बांही पर रख दिया।

मर्द ने कमरे के हल्के नीले आयल-पेंट की तरफ देखा, पलंग की रेशमी सलेटी चादर की तरफ, फिर टेबल लैम्प के आसमानी शेड की तरफ.... और उसका जी चाहा, वह औरत से कहे-इस कमरे का सारा कुछ बरसों से उसकी कल्पना थी। इस कमरे की भी और बाहर के बड़े कमरे की भी.... इस सब कुछ को चाहती वह खुद कहती थी कि उसके दफ़्तर से उसे कोई वास्ता नहीं, पर अपना घर वह अपनी मरजी से बनाएगी, घर औरत का होता है.....

फिर उसने नाइट-सूट की तरफ देखा और सिर्फ इतना कहा, "यू आर ए वण्डरफुल होस्ट..... आई मीन होस्टेस...."[1]

औरत अभी भी चुप थी।

सिर्फ वही कह रहा था, "मेरी मेहरबान, अब एक गिलास व्हिस्की दे दो।"

औरत को लगा कि इस वक्त गिलास वाली बात को टाला नहीं जा सकता। वह बाहर के कमरे में गयी और कुछ मिनटों के बाद, उसने एक गिलास लाकर मेज पर रख दिया।

"यू आर रीयली ए डार्लिंग।"[2] मर्द ने व्हिस्की के पहले नहीं, पर तीसरे घूंट के साथ कहा।

औरत को कुछ याद आया-और वह खौल-सी गयी—"मुझे ये शब्द अच्छे नहीं लगते।"

"क्यों?"

"आज की पार्टी में बिल्कुल यही शब्द तुम्हारे एक मेहमान ने तुम्हारी सेक्रेटरी को कहे थे।"

"पर वह नाराज़ नहीं हुई थी।"

"वह सेक्रेटरी है, मैं बीवी हूँ।"

"यह फर्क़ कैसा लगता है?"

"डिस्गस्टिंग।"[3]

"डिस्गस्टिंग बीवी होना या कि सेक्रेटरी होना?"

"मेरे ख़याल में सेक्रेटरी होना।"

"यू आर राइट।"

मर्द ने व्हिस्की का घूंट भरा और कहने लगा, 'एक मैरिड औरत की पोज़ीशन सचमुच बड़ी शानदार होती है। वह जब चाहे नाराज़ हो सकती है। जिस बात पर, और जब चाहे..... पर बेचारी सेक्रेटरी.....'

"इस तंज का मतलब?"

"यह तंज नहीं।"

"फिर यह क्या है?"

---

1. तुम बहुत अच्छी मेजबान हो...
2. तुम सच में प्रिय हो।
3. घृणित

"एक फैक्ट।"

"उससे बड़ी हमदर्दी है?"

"उसके साथ नहीं, सिर्फ उसके सेक्रेटरी होने से।"

"इसीलिए उसकी हर दूसरे महीने तरक्की हो जाती है?"

"यह तरक्की नहीं डियर, यह रिश्वत है। सिर्फ यह रिश्वत का नया तरीका है।"

"किस चीज़ की रिश्वत?"

"हमारी एजेन्सी को जिस सेठ ने अपने मिल का ऐडवरटाइजिंग एकाउण्ट दिया है, यह उसकी शर्त थी..... उस लड़की की तरक्की भी उसी की शर्त है....."

"यह उस सेठ की...."

"ए कैप्ट विमैन"।[1]

"इट इज़ आल डिस्गस्टिंग।"[2]

"पर तुम्हें उससे हमदर्दी किस बात की है?"

"क्योंकि मैं उसका हमपेशा हूँ।"

"क्या मतलब?"

"हम सब....सब..... उसके हमपेशा हैं...."

"किस तरह?"

"वी आर नॉट मैरिड टु अवर वर्क...... वी आर आल लाइक कैप्ट विमैन......"[3]

मर्द हँसा फिर कहने लगा, "आज की पार्टी से भी यह ज़ाहिर था। मैंने उनको खुश करने के लिए यह सब कुछ किया था। पाँच लाख एक साल के बिजनेस का सवाल था...."

मर्द ने व्हिस्की के गिलास का आखिरी घूंट भरा, शीशे की तरफ देखा। पता नहीं उसे क्या नजर आया, उसने एक बार आँखें बन्द-सी कर लीं। फिर खोलीं तो वे उस शीशे की तरफ नहीं खाली गिलास की तरफ देख रही थीं।

"मेरी मेहरबान, एक गिलास और।"

---

1. रखैल
2. यह सब बड़ा घृणित है।
3. हमारी शादी अपने काम से नहीं हुई है... हम सब रखैलों की तरह हैं।

"नहीं, और नहीं।"

"आज जश्ने-गुलामी है।"

औरत ने अपनी घबराहट को माथे पर से पसीने क़ी तरह पोंछा।

"देख मेरी जान, आज की पार्टी ने अगले साल का बिज़नेस भी पक्का कर दिया है। इसका मतलब है - अगले साल भी पांच लाख का बिज़नेस। इसलिए मैंने नया सूट पहना था..... वे औरतें..... मेरा मतलब है कैप्ट विमैन..... इसी तरह नयी साड़ी पहनती हैं.... फिर सारा वक्त दिल-फरेब बातें..... उन्हें किसी भी बात से नाराज़ होने का हक नहीं होता .... मैं भी किसी बात से नाराज़ नहीं हुआ....."

औरत ने मर्द के पास होकर उसके कोट के बटन खोले। बटन खोलते हुए वह काफी देर तक उसके सीने के पास खड़ी रही। शायद मर्द के हाथ की किसी हरकत का इंतजार कर रही थी.....

रात कमरे में भी अडोल थी, दूर परे तक भी अडोल थी। मर्द के अंगों की तरह।

और फिर अचानक एक कुत्ते के भौंकने की आवाज आयी और औरत को लगा -उसकी छाती में भी कुछ था, जो इस वक्त....

कुत्ते के भौंकने की आवाज बायें हाथ वाली कोठी की तरफ से आयी थी। फिर अगले मिनट दायें हाथ वाली कोठी की तरफ से भी आयी। शायद जवाब की सूरत में।

"व्हाट ए डुइट...." मर्द ने खाली गिलास की तरफ देखा और औरत को हाथ से परे करता हुआ, बाहर के कमरे में से और व्हिस्की लाने के लिए चला गया।

गिलास में बर्फ़ का टुकड़ा शायद उसने ऊपर से और डाला था, गिलास छलक-सा गया था। गिलास को छलकने से बचाने के लिए उसने दहलीज़ ही में खड़े होकर एक घूंट भरा और फिर कमरे में आता हुआ कहने लगा, "आई एम सैलीब्रेटिंग दिस डुइट।"[1]

कुत्ते भौंक रहे थे - बारी बारी।

'दिस इज़ फॉर द हेल्थ ऑफ डॉग्ज.....'[2]

---

1. मैं इस युगल गान का जश्न मना रहा हूँ।
2. यह जाम कुत्तों की सेहत के लिए।

उसने गिलास में से एक घूंट भरा।

औरत ने घबराकर पहले कमरे की बायीं दीवार की तरफ देखा और फिर दायीं की तरफ। बाहर भौंकते कुत्तों की आवाजों में से, एक आवाज बायीं दीवार से टकरा रही थी, एक दायीं से।

"रात का सिर्फ डुइट होता है।" मर्द हँस-सा पड़ा और कहने लगा, "पर सवेरे पूरा कोरस होता है। बायें हाथ वाली कोठी में कोई अमरीकन है। उसके सारे कमरे एयरकण्डीशण्ड हैं, इसलिए उसे कोई फर्क नहीं पड़ता, पर सुबह के वक्त उसका खानसामाँ, उसका बैरा और कोठी का जमादार, जिस तरह एक-दूसरे पर भौंकते हैं, लगता है, कोठी में एक नहीं पूरे चार कुत्ते भौंक रहे हैं....."

"डार्लिंग, तुम सोने की कोशिश क्यों नहीं करते?" औरत ने, थक गयी औरत ने, कहा।

"आई एम ड्रिंकिंग फॉर दी हेल्थ ऑफ़ डॉग्ज़..."

औरत चुप-सी पलंग की बांही पर बैठ गयी।

"तुमने मेरी पूरी बात नहीं सुनी। मैं तुम्हें बता रहा था सुबह, बिल्कुल सुबह एक कोरस होता है..... हर रोज़ ! क्या, तुम नहीं सुनती? ....." बायें हाथ वाली कोठी अमरीकन की है, पर दायें हाथ वाली किसी देशी कर्नल की। वह एयरकण्डीशण्ड नहीं, इसलिए उसके हरेक कमरे में से आवाज आती है। उसकी बीवी—वह कर्नैलिनी—रोज सवेरे अपने नौकरों पर कुत्ते की तरह भौंकती है.....सिर्फ नौकरों पर नहीं, कर्नल पर भी..... वी आर सराउण्डेड बाई डॉग्ज़..... सी हाऊ मैनी डॉग्ज़......[1] और फिर मेरे दफ्तर में रोज़ किसी मिल-मालिक की चिट्ठी, कोई शिकायत, कोई तक़ाजा, कोई और नयी डिमाण्ड....माई गॉड..... आई कान्ट काउण्ट दीज़ डॉग्ज़..... ।[2]

"प्लीज़ डार्लिंग....." औरत ने पलंग की बांही से उठकर, मर्द की बांह पकड़ी और उसे पलंग के पास लाकर बिठाना चाहा। उसके हाथ का गिलास उसने मेज़ पर रख दिया।

"क्यों अपनी रात वीरान करते हो," औरत ने हलीमी से कहा।

"रात नहीं डार्लिंग, उम्र....."

---

1. हम कुत्तों से घिरे... ये कितने कुत्ते हैं...
2. मैं इन कुत्तों की गिनती नहीं कर पाता...

"तुम इस सब कुछ को वीरानी कैसे कहते हो?" औरत ने जरा जोर से कहा, "अभी नया कारोबार है, शुरू में कुछ रिश्वतें, खुशामदें होती ही हैं, फिर जब अपने पैरों पर हो जाएगा....."

"यह अपने पैरों पर हो जाएगा..... यानी मैं अपने पैरों पर.... अपने पैरों पर कभी कुछ नहीं होता, डार्लिंग। हां जो किसी को चलना है तो, किसी दूसरे के पैर लेकर चलना है..... एक ने दूसरे के, दूसरे ने तीसरे के. .... तीसरे ने चौथे के..... सब ने उधार लिये पैरों से, अपाहिज होकर.... यह मेरा कारोबार नया है, पर बाकी और सब के...."

"डार्लिंग...."

"मेरे पैर....." मर्द ने एक बल-सा खाया, पलंग की बांही पर से उठकर खड़ा हो गया। फिर शीशे के सामने आया..... "देख सामने। यह मैं बूटों के तसमें खोलता हूँ, उसमें देख किसके पैर हैं—माई गॉड ! निरे उस सेठ के पैर..... यह शीशा आज डोरियन ग्रे की पेंटिंग की तरह...."

"इस बरस यह एक सेठ के पैर हैं, पिछले बरस जरूर एक बैंकर के पैर होंगे। पिछले बरस मैंने यह शीशा नहीं देखा था। इस तरह नहीं देखा था..... और उससे पिछले बरस....." मर्द ने एक बार बौखलाकर औरत की तरफ देखा और पूछा, "कितने बरस हुए हैं? जिस बरस मैंने तुम्हारे साथ विवाह किया था, उसी बरस......"

"सिर्फ पांच बरसों में मेरी शक्ल बदल गयी है? और पांच में या और पांच में यह शक्ल...."

"तुम्हारी शक्ल उसी तरह है।" औरत ने कहना चाहा। पर कहा नहीं। पहले भी वह यह बात कह चुकी थी। कोई फर्क नहीं पड़ा था।

"तुम चुप क्यों हो?" मर्द ने अचानक पूछा।

औरत फिर भी नहीं बोली।

"व्हाई डोण्ट यू बार्क लाइक एक डॉग....."[1]

औरत के मन में एक बेचैनी-सी हुई। उसे लगा कि वह सचमुच कुछ कहना चाहती थी-कहना नहीं, एक कुत्ते की तरह..... और औरत ने अपनी छाती पर एक हाथ रख लिया। उसे लगा, उसकी छाती धौंक रही थी।

"तुम अब भी चुप हो, उस वक़्त भी चुप थीं....." अचानक मर्द ने कहा।

1. तुम कुत्ते की तरह क्यों नहीं भौंकते...

"उस वक्त? किस वक्त?" औरत चौंक-सी गयी।

मर्द फिर हंस-सा पड़ा, कहने लगा, "तुम्हारा ख़याल है, मैंने देखा नहीं था?" जिस वक्त उस सेठ ने तुमसे हाथ मिलाया था, कहा था 'थैंक यू मैडम.....' और उसने तुम्हारा हाथ भींचा था..... तुम्हारी तरफ देखते हुए उसकी नजर एक शिकारी कुत्ते की तरह....

औरत कुछ देर मर्द की तरफ देखती रही, फिर कहने लगी, "एक हमारे पहले घर की पड़ोसिन थी, उसका मर्द आये दिन घर में नयी औरत लाता था। वह हमेशा चुप रहती थी। मुझे भी कुछ ऐसा ही लगा था... उस बात का इस बात से कोई सम्बन्ध नहीं, पर फिर भी कुछ इसी तरह लगा था.... मैंने सोचा, मेरे कुछ बोलने से तुम्हारा कारोबार....."

औरत ने आँखों में आये हुए पानी को पसीने की तरह पोंछा।

"मैं भी चुप रहा था," मर्द ने कहा और मेज पर रखा हुआ गिलास फिर हाथ में पकड़ लिया। गिलास को आखिरी घूंट तक पीता हुआ कहने लगा, "इट इज़ फॉर आल द डॉग्ज़...... द मैड वंस..... द हण्टिंग वंस.. .... द बार्किंग बंस....एण्ड...[1]" मर्द ने पहले मुस्कराकर औरत की तरफ देखा, फिर शीशे में, और कहा—"ऐण्ड द साइलैण्ट वंस...."[2]

●

---

1. यह जाम सारे कुत्तों के लिए है... पागल कुत्तों के लिए... भौंकने वाले कुत्तों के लिए... और।
2. और उन कुत्तों के लिए जो चुप रहते हैं...

ज़री का कफ़न

वह दोनों एक बार तब भी मिली थीं जब वह जिन्दा थीं....

तब एक की उम्र बीस बरस थी, दूसरी की चालीस बरस। बात सिर्फ़ इतनी थी कि जिसकी उम्र बीस बरस थी उसने उस दूसरी की बहू बनने का निश्चय कर लिया था पर जिसकी चालीस बरस उम्र थी, उसने उस दूसरी की सास बनने से कतई ना कर दी थी।

ब्याह की रस्म हुई थी, पर उसके लिए जिसकी उम्र बीस बरस थी। जिसकी चालीस बरस थी उसके लिए नहीं। सो यह रस्म उसे हमेशा दिखती रही, जिसने इसे आँखों से देखा था। पर यह रस्म उसे कभी ना दिखी जिसने इसे आँखों से देखने से इन्कार कर दिया था।

"तू जीते-जी मेरे घर की दहलीज़ नहीं लांघ सकती," एक फ़रमान की तरह उसने कहा था जिसकी उम्र चालीस बरस थी।

"तू मुझे मरी हुई समझ ले पर घर की दहलीज़ लांघ लेने दे।" यह उसने मिन्नत की थी, जिसकी उम्र उस वक्त बीस बरस थी।

"मैं जीते-जी तेरा मुँह नहीं देखूंगी, न जीती का, न मरी का," और उसने पैरों के पास झुके हुए माथे को पैरों से परे कर दिया था और घर की दहलीज़ ज़ोर-ज़ोर से हंसने लगी थी....

इस दहलीज़ की हंसीं में-पैसे की हंसी भी मिली हुई थी और एक खानदान की जिद की हँसी भी। सो यह हँसी भी इतनी ऊँची थी कि जिसकी उम्र तब बीस बरस की थी उसने दोनों कानों पर हाथ रख लिये थे।

कानों पर से हाथ हटाकर उसने कई बार उसकी तरफ देखा था जिसके पीछे यह घर था और घर की दहलीज़ थी। पर वह तब भी चुप था, फिर भी चुप रहा। सिर्फ दहलीज़ तब भी हँसती थी, फिर भी हँसती रही।

और फिर यह दहलीज़ और भी हँसी-जब एक बारात इस दहलीज़ से बाहर गयी और एक डोली इस दहलीज़ के अन्दर आयी और उसकी उम्र तब बीस बरस थी, और जो परे एक स्कूल के क्वार्टर में बैठकर इस दहलीज़ को देखती थी, उसने इसकी हँसी से डरकर कानों पर हाथ रख लिये।

वक्त था, बीतता रहा और फिर जिसकी उम्र चालीस बरस थी, उसकी साठ बरस हो गयी और जिसकी उम्र बीस बरस थी–उसकी चालीस हो गयी। दहलीज़ की हँसी भी शायद बूढ़ी हो गयी थी, वह अन्दर देखती तो भी खाँसने लगती, बाहर देखती तो भी खाँसती।

और फिर वह मर गयी जिसने दूसरी को हुक्म दिया था कि तू जीते जी मेरे घर की दहलीज़ को नहीं लांघ सकती और हुक्म देने वाली अभी दहलीज़ के अन्दर थी, चाहे एक लाश थी, गिर्द सम्बन्धियों की भीड़ थी, केवड़े की महक थी और ज़री का कफन था–कि उसके हुक्म की उदूली हो गयी....

वह दहलीज़ के अन्दर आ गयी जिसे आने का हुक्म नहीं था और उसके पैरों के पास खड़ी हो गयी, जिसने हुक्म दिया था। एक का माथा दूसरी के पैरों से छुआ, और ज़री का कफन घबराकर सफ़ेद धोती को देखने लगा.....

"यह कौन है?.....चुप कर..... यह भी उसकी बहू थी..... कहाँ रहती थी? ...... पता नहीं....." रिश्तेदारों में खुसर-पुसर हुई पर ज़री का कफन सफेद धोती को कुछ कह नहीं सकता था।

सफ़ेद धोती एक पल आयी, दूसरे पल चली गई। सिर्फ जाती हुई को बूढ़ी दहलीज़ ने रोका, और पूछा, "तूने उसका हुक्म मोड़ दिया....."

"नहीं।" सफ़ेद धोती ने जवाब दिया, "उसने कहा था तू जीते-जी दहलीज़ नहीं लाँघ सकती, मैं जीते-जी तेरा मुँह नहीं देखूंगी। मैं तभी मर गयी थी, वह आज मरी है। यह तो एक लाश दूसरी लाश से मिलने आयी थी?"

फिर सफ़ेद धोती दहलीज़ के बाहर चली गयी और कुछ देर बाद ज़री का कफ़न भी दहलीज़ के बाहर चला गया।

बूढ़ी दहलीज़ कितनी देर माथे पर हाथ रखकर बैठी रही.....।

कल और आज

"हैरा !" मेरे मुँह से निकला, तो मैं कितनी देर तक उसके नाम की विचित्रता में खोया रहा।

"यह मेरा नाम मैंने खुद ही चुना है।" हैरा मेरी हैरानी पर हँस-सी पड़ी। फिर कहने लगी, "हैरा एक ग्रीक गाडैस का नाम था।"

लगा मैं भी हँस-सा पड़ा था, कहा, "तू एक जीती-जागती औरत की जगह, एक दिन इन किताबों के वर्कों में एक वर्का हो जाएगी......"

"शायद....." हैरा खिलखिलाकर हँस पड़ी, "वर्कों में से निकली हूँ, वर्कों में समा जाऊँगी। जिस तरह धरती में से निकली हर चीज धरती में समा जाती है।"

"तो फिर जिन्दगी किस चीज़ का नाम है हैरा?"

"धरती में से निकलने, और फिर धरती में गिराने के बीच का समय।"

"यह बीच का समय....."

"बहुत खूबसूरत है। बहुत भयानक है। है ना ! लगता है इस समय की तकदीर को हज़ारों बरस पहले धरती और अम्बर ने कल्पित कर लिया हो। पर अम्बर ने उसकी भयानकता को सोचा और धरती ने उसकी खूबसूरती को...."

"किस तरह?"

"यूरेनस अम्बर था, गाया धरती। उनके घर जो भी बच्चा जन्म लेता, यूरेनस उसकी जिन्दगी की भयानकता से डरता, उसे फिर गाया की कोख में दबा देता। पर गाया की कल्पना बड़ी रंगीली थी, वह चाहती थी उसके बेटे-बेटियाँ उसकी आँखों के आगे खेलें। इसलिए उसने एक दिन अपनी कोख में छुपे हुए अपने एक बेटे करोनस को उकसाया कि वह

कायरों की तरह वहाँ न छुपा रहे, बाहर आकर अपने बाप से बदला ले। गाया ने उसे एक दराँती दी जिससे उसने अपने बाप को हराकर अपना राज्य कायम किया। धरती और अम्बर उसी दिन एक-दूसरे से जुदा हुए थे....''

''भयानक.....''

''लोग कहते हैं डोरिअनज़ से पहले धरती पर 'गिल्ट-कल्चर' नहीं थी, पर मैं सोचती हूँ कि जिस दिन गाया ने अपने बेटे को उसके बाप के खिलाफ उकसाया था, गुनाही-सभ्यता उसी दिन शुरू हो गयी थी। मुझे पता है, फिर क़रोनस ने क्या किया?''

''क्या?''

''संस्कार भी शायद वहाँ से ही अस्तित्व में आ गये थे। करोनस को पता था कि उसने बेटा होकर अपने बाप पर हाथ उठाया था, इसलिए उसके मन में यह संस्कार बैठ गया कि हर बेटा अपने बाप पर जरूर हाथ उठाएगा। इसलिए उसके घर भी जितने बेटे-बेटियां जन्मे, उसने भी यह सब धरती में छुपा दिये।''

''सो गुनाह का अहसास भी मनुष्य के साथ पैदा हो गया, और संस्कार भी। पर करोनस की औरत कौन थी? अम्बर की तो धरती थी.....''

''करोनस की बहन रहीया, जो उसके साथ ही धरती की कोख में दबी हुई थी और वह भी उसकी स्वतंत्रता हुई थी.....''

''पर तब मनुष्य की 'गिल्ट कल्चर' में बहन के साथ ब्याह करने का गुनाह शायद नहीं था?''

''नहीं, यह गुनाह, बहुत बरसों के बाद, गुनाहों की सूची में शामिल हुआ। भारतीय मिथहास में भी यह जुड़वां थे, बहन-भाई, उनसे ही दुनिया का अगला वंश बना। इजिपशियन मिथहास में भी आतुम पहला देवता था, जो अपनी इच्छाशक्ति से पैदा हुआ, उसके मुँह में से उसका बेटा और उसकी बेटी जन्मे, जिनके संयोग से धरती और आसमान भी बहन-भाई थे, जिनके संयोग से चार बेटे जन्मे.....''

''हाँ, तू बता रही थी कि करोनस ने अपने सब बेटे-बेटियाँ धरती में दबा दिये.......''

''पर मर्द मर्द है, औरत औरत है, रहीया भी आखिर गाया की तरह

उतावली हो गयी कि उसके बेटे बेटियां भी अगर ऐसे ही खत्म हो गये तो क्या बनेगा। आगे वह पाँच बच्चे धरती में दबा बैठी थी, इसलिए जब उसे छठे बच्चे की आस हुई तो उसने क्रीट टापू पर जाकर एक गुफा में उस बच्चे को जन्म दिया और उसके बाप को इस बेटे के बजाय एक पत्थर देकर कहने लगी कि इस बार उसकी कोख से पत्थर जन्मा है....."

"सो वह बच्चा जीता रहा....."

"वही बड़ा होकर बाप से लड़ा, और बाप को कैद करके खुद तख्त का मालिक बना।"

"पर उसका वंश कैसे बढ़ा? वह अकेला था और धरती पर कोई औरत नहीं थी?"

हैरा मुस्करायी, "उसको माँ ने बताया कि उसके पाँच भाई-बहन धरती में दबे हैं। सो उसने उनको ढूंढा। इनमें ही उसकी बहन हैरा थी, जिसके साथ उसने ब्याह किया।"

"सो अम्बर दुनिया का पहला मर्द था और धरती पहली औरत। ग्रीक बोली में यूरेनस और गाया।"

"हाँ, हिब्रु में धरती को अधमा कहते हैं, इसीलिए धरती के पहले बेटे का नाम आदम हुआ।"

"आदम और हव्वा।"

"हव्वा, खुदा के मुँह में से आती साँस। एशियाई विश्वास है कि यह अम्बर में कत्ल हुए एक देवता के शरीर से गिरा हुआ खून था, पर यह हिब्रु विश्वास नहीं।"

"शायद प्रारम्भिक लिबास एक ही हों पर वक्त के साथ-साथ जुदा हो गये हों........"

"मुझे एक ख़याल आया है," हैरा कुछ सोचती रही। फिर एक किताब उठाकर उसके सफे पलटती हुई कहने लगी, "इण्डियन माईथालोजी में प्रारम्भिक देवता मित्र और वरुण थे। वरुण का संबंध अम्बर के साथ था, मित्र का धरती के साथ। ग्रीक माईथालोजी में खेती-बाड़ी की देवी दिपेतर है। 'दा' लफ्ज़ धरती के लिए होता था, गाया की तरह। दा-मेतर का अर्थ धरती माँ बनता है। शायद हिन्दुस्तान का देवता मित्र और यूनान का दिमेतर—मूल में एक ही रूप हैं....."

"प्रारम्भ में मनुष्यों की एक-सी जरूरतें थीं, एक-सी हैरानियां

इसलिए ख़याल भी जरूर एक जैसे होंगे...."

"सब देवी-देवता उनके हैरान ख़यालों के चिन्ह हैं, जैसे ग्रीक देवी दिमेतर की बेटी, धरती की हरियाली का चिन्ह है। यह जब ब्याही गयी....।"

"इसका ब्याह किसके साथ हुआ था?"

"अपने चाचा हेडस के साथ, ग्रीक मिथहास में चाचा के साथ ब्याह का आम ज़िक्र मिलता है। यह हेडस धरती में गहरी जगह पर रहता था। इसलिए ब्याह के बाद दिमेतर की बेटी को भी वहीं ले गया। माँ को बेटी कहीं नज़र न आयी, इसीलिए उसने बेटी को ढूंढना शुरू किया। आखिर हेडस ने दिमेतर को उसकी बेटी वापिस कर दी, पर उसे एक ऐसा बीज खिला दिया कि जिसके पीछे उसे हर बरस का तीसरा हिस्सा फिर वहीं उसके पास रहने के लिए आना पड़ता था। बरस के दो हिस्से वह अपनी माँ के पास रहती थी। यह जाहिर है कि खेती जब बीजी जाती है तो कितने दिनों तक धरती में अलोप हो जाती है। धीरे-धीरे बीज पनपता है तो वह बाहर आती है। इसकी पूजा तभी ग्रीक लोग मक्की के सिट्टे से करते हैं....."

"सो इसका धरती की तह में जाकर अपने मर्द के पास रहना और फिर बाहर अपनी माँ के पास रहने के लिए आना, खेती-बाड़ी का पूरा अमल है। पर वह हेडस?"

"वह हमेशा धरती की तह में रहता है। इसलिए उसे सोने और चाँदी का देवता कहा जाता है—दोनों धातुएँ धरती के अन्दर होती हैं।"

"हैरा ! धरती अम्बर के फटने का मिथहास ग्रीक मिथहास है, पर हिन्दुस्तान के मिथहास में इस सब कुछ का आरम्भिक रूप क्या था?"

"एक सुनहरी अण्डा, आग का चिन्ह, जो एक हजार बरस पानी पर तैरता रहा। यह अण्डा जब कुछ वक्त बाद टूट गया तो इसमें से पुरुष निकला। इसी ने अपने दो टुकड़े करके एक का नाम मर्द रखा, एक का औरत। साबुत अण्डा ग्रीक मिथहास की तरह धरती अम्बर के जुड़े होने का चिन्ह था और जो बीच में से टूटकर, एक हिस्सा धरती बन गया, एक आसमान।"

"सो पहले पुरुष पैदा हुआ था, चाहे बाद में उसने अपने ही आधे टुकड़े का नाम औरत रख दिया।" मैं हंस पड़ा। मेरे भीतर का मर्द हँस

पड़ा। हैरा भी मुस्करायी। ''पैदाइश तो एक ही समय हुई थी, इकट्ठी, सिर्फ उसके एक ही जगह दो नाम बाद में रखे गए। इसे इस तरह भी कहते हैं कि उगते सूरज में से एक जोड़ा पैदा हुआ—यम और उसकी जुड़वाँ बहन यमी। यही मनुष्य जाति के आदि माँ और बाप थे।''

''हैरा और उसके भाई की तरह?''

''उससे भी पहले उन दोनों के माँ-बाप रहीया और करोनस की तरह।''

''सो मर्द और औरत जुड़वाँ थे?''

''अफरीकन मिथहास में भी दुनिया का पहला मर्द और दुनिया की पहली औरत जुड़वाँ थे। औरत का नाम मावसी और मर्द का नाम लिसा। माव चन्द्रमा था, लिसा सूरज। अफरीकन मिथ का एक विश्वास यह भी है कि धरती ने अपने हाथों से कुम्हारिन की तरह मिट्टी के पुतले बनाये, खुदा ने अपनी साँस में से उनमें साँस भरा और वह जीते-जागते इन्सान बन गये।''

मुझे लगा—मेरे जिस्म में मेरा खून रेंग रहा था। मेरी साँस मेरे होंठों में गरम हो रही थी, मैंने जल्दी से पूछा, ''हैरा ! मनुष्य ने जितने देवी-देवताओं की कल्पना की, सुख और आराम की तलाश में से। पर साँप ? उससे तो शायद मनुष्य को डर और मौत के सिवाय कुछ भी नहीं मिल सकता था। उसकी पूजा क्यों?''

''भारतीय विश्वास है कि शेषनाग पाताल का राजा है, इसके एक हजार सिर हैं। सात पाताल इसके सिर के आधार पर ही खड़े हैं। अफरीकन विश्वास है कि धरती अथाह पानी में बह जाती, अगर उसके गिर्द एक साँप ने पूँछ को मुँह में पकड़कर और धरती के गिर्द घेरा बनाकर उसको थामा न होता। ग्रीक माईथालोजी में प्रो-ग्रीक एक मिथ है कि एथना एक माँ-देवी थी, यह सदा कुँआरी रही। जिस तरह इसका अपना जन्म एक देवता के माथे में से हुआ था, इसी तरह एक साँप इसका बेटा इसकी कोख में से जन्मा।''

''यह जरूर गुनाही सभ्यता से पहले की बात होगी?'' मेरे जिस्म का रोम-रोम बोल पड़ा। हैरा अपने ध्यान में कहे गयी, ''साँप हर जगह जा सकता है—धरती की तह में भी, दूर जंगलों में भी, पहाड़ों के शिखर पर भी, और नदी, नाले, दरिया और समुद्रों में भी।''

"और मनुष्य के अंगों में भी....." मैंने चौंककर कहा।

हैरा जरा-सा मुस्करायी, फिर कहने लगी, "इसलिए इसकी शक्ति को शक्ति का सबसे बड़ा चिन्ह समझ लेना स्वाभाविक बात लगती है। इसकी राह में ना धरती रुकावट बनती है, ना पर्वत, ना समुद्र..... ।"

"और ना समय, ना उम्र....." मैं अपने अन्दर रेंगते खून से अपने अंग-अंग में चढ़ते एक खुमार में कुछ मदहोश-सा हो गया। हैरा को अपनी बाँहों में कस लेने के लिए मैंने तड़प कर अपनी बाँहें पसार दीं.....

पर हेरा जल्दी से पीछे हो गयी, और एक किताब की एक जिल्द को उठाकर उसके अन्दर चली गयी.... चार हजार वर्ष पहले.....

मिथहास के अनन्त वर्कों में एक वर्का.....

हैरा की खुली आँखें—मेरी तरफ़ देखे जाती हैं....

मैं अपने प्यासे होंठों से उसके होंठों को देखता हूँ—खुदाया। उसके होंठों में साँस क्यों नहीं आता.... तू कहाँ चला गया? अपनी साँस में से उसके अन्दर साँस क्यों नहीं भरता?

सामने—काग़ज का एक वर्का मेरे जिस्म की तरह काँप रहा है... यह शायद धरती में से निकलने और फिर धरती में समाने के बीच का समय है.... खूबसूरत...... भयानक..... ।

यह कहानी नहीं

पत्थर और चूना बहुत था, लेकिन अगर थोड़ी-सी जगह पर दीवार की तरह उभरकर खड़ा हो जाता, तो घर की दीवारें बन सकता था पर बना नहीं। वह धरती पर फैल गया, सड़कों की तरह, और वे दोनों तमाम उम्र उन सड़कों पर चलते रहे.....

सड़कें, एक-दूसरे के पहलू से भी फटती हैं, एक-दूसरे के शरीर को चीरकर भी गुज़रती हैं, एक-दूसरे से हाथ छुड़ाकर गुम भी हो जाती हैं और एक-दूसरे के गले से लगकर एक-दूसरे में लीन भी हो जाती थीं। वे एक-दूसरे से मिलते रहे, पर सिर्फ तब, जब कभी-कभार उनके पैरों के नीचे बिछी हुई सड़कें एक-दूसरे से आकर मिल जाती थीं।

घड़ी-पल के लिए शायद सड़कें भी चौंककर रुक जाती थीं और उनके पैर भी......

और तब शायद दोनों को उस घर का ध्यान आ जाता था जो बना नहीं था......

बन सकता था, फिर क्यों नहीं बना? वे दोनों हैरान-से होकर पाँवों के नीचे की ज़मीन को ऐसे देखते थे जैसे यह बात उस ज़मीन से पूछ रहे हों.....

और फिर वे कितनी ही देर ज़मीन की ओर ऐसे देखने लगते मानो वे अपनी नजर से ज़मीन में उस घर की नींवें खोद लेंगे.....।

और कई बार सचमुच वहाँ जादू का एक घर उभरकर खड़ा हो जाता और वे दोनों ऐसे सहज मन हो जाते मानो बरसों से उस घर में रह रहे हों.....

यह उनकी भरपूर जवानी के दिनों की बात नहीं, अब की बात है, ठंडी उम्र की ताब, कि अ एक सरकारी मीटिंग के लिए स के शहर गयी।

अ को भी वक्त ने स जितना सरकारी ओहदा दिया है, और बराबर की हैसियत के लोग जब मीटिंग से उठे, सरकारी दफ्तर ने बाहर के शहरों से आने वालों के लिए वापसी टिकट तैयार रखे हुए थे, स ने आगे बढ़कर अ का टिकट ले लिया और बाहर आकर अ से अपनी गाड़ी में बैठने के लिए कहा।

पूछा—'सामान कहाँ है?'

'होटल में !'

स ने ड्राइवर से पहले होटल और फिर वापस घर चलने के लिए कहा।

अ ने आपत्ति नहीं की, पर तर्क के तौर पर कहा—'प्लेन में सिर्फ दो घण्टे बाकी हैं, होटल होकर मुश्किल से एयरपोर्ट पहुँचूंगी।'

'प्लेन कल भी जाएगा, परसों भी, रोज़ जाएगा।' स न सिर्फ इतना कहा, फिर रास्ते में कुछ नहीं कहा।

होटल से सूटकेस लेकर गाड़ी में रख लिया, तो एक बार अ ने फिर कहा—'वक्त थोड़ा है, प्लेन मिस हो जाएगा।'

स ने जवाब में कहा—'घर पर माँ इन्तजार कर रही होगी।'

अ सोचती रही कि शायद स ने माँ को इस मीटिंग का दिन बताया हुआ था, पर वह समझ नहीं सकी—क्यों बताया था?

अ कभी-कभी मन से यह 'क्यों' पूछ लेती थी, पर जवाब का इन्तजार नहीं करती थी। वह जानती थी—मन के पास कोई जवाब नहीं था। वह चुप बैठी शीशे में से बाहर शहर की इमारतों को देखती रही....

कुछ देर बाद इमारतों का सिलसिला टूट गया। शहर से दूर बाहर की आबादी आ गयी और पाम के बड़े-बड़े पेड़ों की कतारें शुरू हो गयीं....।

समुद्र शायद पास ही था, अ की साँस नमकीन-सी हो गई। उसे लगा—पाम के पत्तों की तरह उसके हाथों में कंपन आ गया था—शायद स का घर भी अब पास था....

पेड़ो-पत्तों में लिपटी हुई-सी एक कॉटेज के पास पहुँचकर गाड़ी खड़ी हो गयी। अ भी उतरी, पर कॉटेज के भीतर जाते हुए एक पल के लिए बाहर केले के पेड़ के पास खड़ी हो गयी। जी किया—अपने कांपते हुए

हाथों को यहाँ बाहर केले के काँपते हुए पत्तों के बीच में रख दे। वह स के साथ भीतर कॉटेज में जा सकती थी, पर हाथों की वहाँ जरूरत नहीं थी—इन हाथों से न वह अब स को कुछ दे सकती थी, न स से कुछ ले सकती थी.....

माँ ने शायद गाड़ी की आवाज़ सुन ली थी, बाहर आ गयी। उन्होंने हमेशा की तरह अ का माथा चूमा और कहा—'आओ, बेटी !'

इस बार अ बहुत दिनों बाद माँ से मिली थी, पर माँ ने उसके सिर पर हाथ फेरते हुए—जैसे सिर पर से बरसों का बोझ उतार दिया हो—और उसे भीतर ले जाकर बिठाते हुए उससे पूछा—'क्या पियोगी, बेटी?'

स भी अब तक भीतर आ गया था, माँ से कहने लगा 'पहले चाय बनवाओ, फिर खाना !'

अ ने देखा—ड्राइवर गाड़ी से उसका सूटकेस अन्दर ला रहा था। उसने स की ओर देखा, कहा—'बहुत थोड़ा वक्त है, मुश्किल से एयरपोर्ट पहुँचूंगी।'

स ने उससे नहीं, ड्राइवर से कहा—'कल सवेरे जाकर परसों का टिकट ले आना।' और माँ से कहा—'तुम कहती थीं कि मेरे कुछ दोस्तों को खाने पर बुलाना है, कल बुला लो।'

अ न स की जेब की ओर देखा जिसमें उसका वापसी का टिकट पड़ा हुआ था, कहा—पर यह टिकट बरबाद जाएगा....।

माँ रसोई की तरफ जाते हुए खड़ी हो गयी और अ के कन्धे पर अपना हाथ रखकर कहने लगी—'टिकट का क्या है, बेटी ! इतना कह रहा है, रुक जाओ।'

पर क्यों? अ के मन में आया, पर कहा कुछ नहीं। कुर्सी से उठकर कमरे के आगे बरामदे में जाकर खड़ी हो गयी। सामने दूर तक पाम के ऊँचे-ऊँचे पेड़ थे। समुद्र परे था। उसकी आवाज सुनाई दे रही थी। अ को लगा—सिर्फ आज का 'क्यों' नहीं, उसकी जिन्दगी के कितने ही 'क्यों' उसके मन के समुद्र के तट पर इन पाम के पेड़ों की तरह उगे हुए हैं, और उनके पत्ते अनेक वर्षों से हवा में कांप रहे हैं।

अ ने घर के मेहमान की तरह चाय पी, रात को खाना खाया और घर का गुसलखाना पूछकर रात को सोने के समय पहनने वाले कपड़े बदले। घर में एक लंबी बैठक थी, ड्राइंग-डाइनिंग और दो और कमरे

थे—एक स का, एक माँ का। माँ ने जिद करके अपना कमरा अ को दे दिया और स्वयं बैठक में सो गयी।

अ सोने वाले कमरे में चली गयी, पर कितनी ही देर झिझकी हुई-सी खड़ी रही। सोचती रही—मैं बैठक में एक-दो रातें मुसाफिरों की तरह ही रह लेती, ठीक था, यह कमरा माँ का है, माँ को ही रहना चाहिए था..

सोने वाले कमरे के पलंग में, पर्दों में, और अलमारी में एक घरेलू-सी बू-बास होती है, अ ने इसका एक घूँट-सा भरा। पर फिर अपनी साँस रोक लिया मानो अपनी ही साँसों से डर रही हो....

बराबर का कमरा स का था। कोई आवाज़ नहीं थी। घड़ी पहले स ने सिरदर्द की शिकायत की थी, नींद की गोली खायी थी, अब तक शायद सो गया था। पर बराबर वाले कमरों की भी अपनी एक बू-बास होती है, अ ने एक बार उसका भी एक घूँट पीना चाहा, पर साँस रुकी रही।

फिर अ का ध्यान अलमारी के पास नीचे फर्श पर पड़े हुए अपने सूटकेस की ओर गया, और उसे हँसी-सी आ गयी—यह देखो मेरा सूटकेस, मुझे सारी रात मेरी मुसाफिरी की याद दिलाता रहेगा....

और वह सूटकेस की ओर देखते हुए, थकी हुई-सी, तकिये पर सिर रखकर लेट गयी.....

न जाने कब नींद आ गयी। सोकर जागी तो खासा दिन चढ़ा हुआ था। बैठक में रात को होने वाली दावत की हलचल थी।

एक बार तो अ आँखें झपकाकर रह गयी—बैठक में सामने स खड़ा था—चारखाने का नीले रंग का तहमद पहने हुए। अ ने उसे कभी रात के सोने के समय के कपड़ों में नहीं देखा था। हमेशा दिन में ही देखा था—किसी सड़क पर, सड़क के किनारे किसी कैफे में, होटल में, या किसी सरकारी मीटिंग में—उसकी यह पहचान नयी-सी लगी, आँखों में अटक-सी गयी...

अ ने भी इस समय नाइट सूट पहना हुआ था। पर अ ने बैठक में आने से पहले उस पर ध्यान नहीं दिया था, अब ध्यान आया तो अपने-आप ही अजीब लगने लगा—साधारण से असाधारण-सा होता हुआ....

बैठक में खड़ा हुआ स, अ को आते हुए देखकर कहने लगा—'ये दो सोफे हैं, इन्हें लम्बाई के रुख रख लें। बीच में जगह खुली हो जाएगी।'

अ ने सोफों को पकड़वाया, छोटी मेजों को उठाकर कुर्सियों के बीच में रखा। फिर माँ ने चौके से आवाज़ दी तो अ ने चाय लाकर मेज़ पर रख दी।

चाय पीकर स से उसने कहा—'चलो, जिन लोगों को बुलाना है, उनके घर जाकर कह आएं और लौटते हुए कुछ फल लेते आएं।'

दोनों ने पुराने परिचित दोस्तों के घर जाकर दस्तक दी, सन्देशे दिये, रास्ते से चीज़ खरीदीं, फिर वापस आकर दोपहर का खाना खाया और फिर बैठक को फूलों से सजाने में लग गये।

दोनों ने रास्ते में साधारण-सी बातें की थीं—फल कौन-कौन से लेने हैं? पान लेने हैं या नहीं? ड्रिंक्स के साथ के लिए कबाब कितने ले लें? फलां का घर रास्ते में पड़ता है, उसे भी बुला लें?—और यह बातें वे नहीं थीं जो सात बरस बाद मिलने वाले करते हैं।

अ को सवेरे दोस्तों के घर पर पहली-दूसरी दस्तक देते समय ही सिर्फ थोड़ी सी परेशानी महसूस हुई थी। वे भले ही स के दोस्त थे, पर एक लंबे समय से अ को जानते थे, दरवाजा खोलने पर बाहर उसे स के साथ देखते तो हैरान से हो कह उठते—'आप !'

पर वे जब अकेले गाड़ी में बैठते, तो स हँस देता—'देखा, कितना हैरान हो गया, उससे बोला भी नहीं जा रहा था।'

और फिर एक-दो बार के बाद दोस्तों की हैरानी भी उनकी साधारण बातों में शामिल हो गयी। स की तरह अ भी सहज मन से हँसने लगी।

शाम के समय स ने छाती में दर्द की शिकायत की। माँ ने कटोरी में ब्राण्डी डाल दी, और अ से कहा—'लो, बेटी ! यह ब्राण्डी इसकी छाती पर मल दो।'

इस समय तक शायद इतना कुछ सहज हो चुका था, अ ने स की कमीज़ के ऊपर वाले बटन खोले और हाथ से उसकी छाती पर ब्राण्डी मलने लगी।

बाहर पाम के पेड़ों के पत्ते और केलों के पत्ते शायद अभी भी काँप रहे थे, पर अ के हाथ में कंपन नहीं था। एक दोस्त समय से पहले आ गया था, अ ने ब्राण्डी में भीगे हुए हाथों से उसका स्वागत करते हुए उसे नमस्कार भी किया, और फिर कटोरी में हाथ डुबोकर बाकी रहती ब्राण्डी को उसकी गर्दन पर मल दिया—कन्धों तक।

धीरे-धीरे कमरा मेहमानों से भर गया। अ फ्रिज़ से बरफ निकालती रही और सादा पानी भर-भर फ्रिज़ में रखती रही। बीच-बीच में रसोई की तरफ जाती, ठण्डे कबाब फिर से गरम करके ले आती। सिर्फ एक बार जब स ने अ के कान के पास होकर कहा—'तीन-चार तो वे लोग भी आ गये हैं, जिन्हें बुलाया नहीं था। जरूर किसी दोस्त ने उनसे भी कहा होगा, तुम्हें देखने के लिए आ गये हैं'—तो पल भर के लिए अ की स्वाभाविकता टूटी, पर फिर जब स ने उससे कुछ गिलास धोने के लिए कहा, तो वह उसी तरह सहज मन हो गयी।

महफिल गरम हुई, रात ठण्डी हुई और जब लगभग आधी रात के समय सब चले गये, अ को सोने वाले कमरे में जाकर अपने सूटकेस में से रात के कपड़े निकालकर पहनते हुए लगा कि सड़कों पर बना हुआ जादू का घर अब कहीं भी नहीं था.....

यह जादू का घर उसने कई बार देखा था—बनते हुए भी, मिटते हुए भी, इसलिए वह हैरान नहीं थी। सिर्फ थकी-थकी सी तकिये पर सि रखकर सोचने लगी—कब की बात है....शायद पचीस बरस हो गए—नहीं, तीस बरस.... जब पहली बार वे जिन्दगी की सड़कों पर मिले थे—अ किस सड़क से आयी थी, स कौन-सी सड़क से आया था, दोनों पूछना भी भूल गये थे, और बताना भी। वे निगाह नीची किये, जमीन में नीवें खोदते रहे, और फिर यहाँ जादू का एक घर बनकर खड़ा हो गया और वे सहज मन से सारे दिन उस घर में रहते रहे।

फिर जब दोनों की सड़कों ने उन्हें आवाजें दीं, वे अपनी-अपनी सड़क की ओर जाते हुए चौंककर खड़े हो गए। देखा—दोनों सड़कों के बीच एक गहरी खाई थी। स कितनी ही देर उस खाई की ओर देखता रहा, जैसे अ से पूछ रहा हो कि इस खाई को तुम किस तरह पार करोगी? अ ने कहा कुछ नहीं था, पर स के हाथ की ओर देखा था, जैसे कह रही हो—तुम हाथ पकड़कर पार करा लो, मैं मजहब की इस खाई को पार कर जाऊँगी।

फिर स का ध्यान ऊपर की ओर गया था, अ के हाथ की ओर। अ की उँगली में हीरे की एक अंगूठी चमक रही थी। स कितनी देर तक देखता रहा, जैसे पूछ रहा हो—तुम्हारी उंगली पर यह जो कानून का धागा लिपटा हुआ है, मैं इसका क्या करूंगा? अ ने अपनी उंगली की ओर देखा था और धीरे से हँस पड़ी थी, जैसे कह रही हो—तुम एक बार कहो, मैं

कानून का यह धागा नाखूनों से खोल दूंगी। नाखूनों से नहीं खुलेगा तो दांतों से खोल दूंगी।

पर स चुप रहा था, और अ भी चुप खड़ी रह गयी थी। पर जैसे सड़कें एक ही जगह पर खड़ी हुई भी चलती रहती हैं, वे भी एक जगह पर खड़े हुए चलते रहे.....

फिर एक दिन स के शहर से आने वाली सड़क अ के शहर आ गयी थी और अ ने स की आवाज़ सुनकर अपने एक बरस के बच्चे को उठाया था और बाहर सड़क पर उसके पास आकर खड़ी हो गयी थी। स ने धीरे-से हाथ आगे करके सोये हुए बच्चे को अ से ले लिया था और अपने कन्धे से लगा लिया था और फिर वे सारे दिन उस शहर की सड़कों पर चलते रहे....

वे उनकी भरपूर जवानी के दिन थे–उनके लिए न धूप थी, न ठंड और फिर जब चाय पीने के लिए वे एक कैफे में गये तो बैरे ने एक मर्द, एक औरत और एक बच्चे को देखकर एक अलग कोने की कुर्सियां पोंछ दी थीं और कैफे के उस अलग कोने में एक जादू का घर बनकर खड़ा हो गया था....

और एक बार.... अचानक चलती हुई रेलगाड़ी में मिलाप हो गया था। स भी था, माँ भी और स का एक दोस्त भी। अ की सीट बहुत दूर थी, पर स के दोस्त ने उससे अपनी सीट बदल ली थी और उसका सूटकेस उठाकर स के सूटकेस के पास रख दिया था। गाड़ी में दिन के समय ठंड नहीं थी, पर रात ठंडी थी। माँ ने दोनों को एक कंबल दे दिया था, आधा स के लिए, आधा अ के लिए और चलती हुई गाड़ी में उस सांझे के कम्बल के किनारे जादू के घर की दीवारें बन गयी थीं।

जादू की दीवारें बनती थीं, मिटती थीं, और आखिर उनके बीच खंडहरों की-सी खामोशी का एक ढेर लग जाता था....

स को कोई बन्धन नहीं था। अ को था पर वह तोड़ सकती थी। फिर यह क्या था कि वे तमाम उम्र सड़कों पर चलते रहे....

अब तो उम्र बीत गयी–अ ने उम्र के तपते दिनों के बारे में भी सोचा और अब के ठंडे दिनों के बारे में भी। लगा–सब दिन, सब बरस पाम के पत्तों की तरह हवा में खड़े कांप रहे थे।

बहुत दिन हुए, एक बार अ ने बरसों की खामोशी को तोडऋकर पूछा

था—'तुम बोलते क्यों नहीं? कुछ भी नहीं कहते। कुछ तो कहो !'

पर स हँस दिया था, कहने लगा—'यहाँ रोशनी बहुत है, हर जगह रोशनी होती है, मुझसे बोला नहीं जाता।'

और अ का जी किया था—वह एक बार सूरज को पकड़कर बुझा दे.....

सड़कों पर सिर्फ दिन चढ़ते हैं। रातें तो घरों में होती हैं.... पर घर कोई था नहीं, इसलिए रात भी कहीं नहीं थी—उनके पास सिर्फ सड़कें थीं, और सूरज था, और स सूरज की रोशनी में बोलता नहीं था।

एक बार बोला था—

वह चुप-सा बैठा हुआ था जब अ ने पूछा था—'क्या सोच रहे हो?' तो वह बोला—'सोच रहा हूँ, लड़कियों से फ्लर्ट करूँ और तुम्हें दुःखी करूँ।'

पर इस तरह अ दुखी नहीं, सुखी हो जाती। इसलिए अ भी हँसने लगी थी स भी।

और फिर एक लम्बी खामोशी.....

कई बार अ के जी में आता था—हाथ आगे बढ़ाकर स को उसकी खामोशी में से बाहर ले आये, वहाँ तक जहाँ तक दिल का दर्द है। पर वह अपने हाथों को सिर्फ देखती रहती थी, उसने हाथों से कभी कुछ कहा नहीं था।

एक बार स ने कहा—'चलो, चीन चलें !'

'चीन ?'

जाएँगे, पर आएँगे नहीं !

'पर चीन क्यों?'

यह 'क्यों' भी शायद पाम के पेड़ के समान था जिसके पत्ते फिर हवा में काँपने लगे.....

इस समय अ ने तकिये पर सिर रखा हुआ था, पर नींद नहीं आ रही थी। स बराबर के कमरे में सोया हुआ था, शायद नींद की गोली खाकर।

अ को न अपने जागने पर गुस्सा आया, न स की नींद पर। वह सिर्फ यह सोच रही थी—कि वे सड़कों पर चलते हुए जब कभी मिल जाते हैं तो वहाँ घड़ी-पहर के लिए एक जादू का घर क्यों बनकर खड़ा हो जाता है?

अ को हँसी-सी आ गयी—तपती हुई जवानी के समय तो ऐसा होता

था, ठीक है, लेकिन अब क्यों होता है? आज क्यों हुआ?

यह न जाने क्या था, जो उम्र की पकड़ में नहीं आ रहा था.....

बाकी रात न जाने कब बीत गयी—अब दरवाजे पर धीरे-से खटका करता हुआ ड्राइवर कह रहा था कि एयरपोर्ट जाने का समय हो गया है.....

अ ने साड़ी पहनी, सूटकेस उठाया, स भी जागकर अपने कमरे से आ गया, और वे दोनों उस दरवाजे की ओर बढ़े जो बाहर सड़क की ओर खुलता था...

ड्राइवर ने अ के हाथ से सूटकेस ले लिया था, अ को अपने हाथ और खाली-खाली से लगे। वह दहलीज़ के पास अटक-सी गई, फिर जल्दी से अन्दर गयी और बैठक में सोयी हुई माँ को खाली हाथों से प्रणाम करके बाहर आ गयी.....

फिर एयरपोर्ट वाली सड़क शुरू हो गयी, खत्म होने को भी आ गयी, पर स भी चुप था, अ भी.....

अचानक स ने कहा—'तुम कुछ कहने जा रही थीं?'

'नहीं।'

और वह फिर चुप हो गया।

फिर अ को लगा—शायद स को भी—कि बहुत कुछ कहने को था, बहुत कुछ सुनने को, पर बहुत देर हो गयी थी, और अब सब शब्द जमीन में गड़ गए थे—पाम के पेड़ बन गये थे और मन के समुद्र के पास लगे हुए उन पेड़ों के पत्ते शायद तब तक काँपते रहेंगे जब तक हवा चलती रहेगी.....

एयरपोर्ट आ गया और पाँवों के नीचे स के शहर की सड़क टूट गयी.....

अब सामने एक नयी सड़क थी—जो हवा में से गुजरकर अ के शहर की एक सड़क से जा मिलने को थी....

और वहाँ जहाँ दो सड़कें एक-दूसरे के पहलू से निकलती हैं, स ने धीरे से अ को अपने कन्धे से लगा लिया और फिर वे दोनो काँपते हुए, पाँवों के नीचे की जमीन को इस तरह देखने लगे, जैसे उन्हें उस घर का ध्यान आ गया हो जो नहीं बना था.......

●

धन्नो

यह तब की बात है—जब सफ़ेद रुपया चाँदी का हुआ करता था और पंजाब के गाँवों में अठन्नी को 'धेली' कहते थे और चवन्नी को 'पौली' और धन्नो मौसी कहा करती थी, "औरत को तो परमात्मा ने शुरू से ही 'धेली' बनाया है। रुपया डबल तो कोई करमों वाली होती है जिसे मरज़ी का मर्द जुड़ जाए। पर वह तो न किसी ने देखी है न सुनी है। घर-घर 'धेलियाँ' ही 'धेलियाँ' हैं—बस दो-तीन 'पौलियाँ' जनीं और दुनिया से लद गयीं..."

"कितना मुँह फटा हुआ है धन्नो को !" कभी कोई पीठ पीछे कह देती, पर धन्नो के सामने गाँव की सब औरतें दाँतों के नीचे जीभ दिये रखतीं। सबको याद था कि एक बार शाह की केसरो ने यही बात धन्नो के मुँह पर कही थी तो धन्नो ने उसकी वह गत बनायी थी कि भगवान ही बचाए ! कहा, "तुम सिले मुँहवालियाँ अच्छी हो, और मैं फटे मुँहवाली बुरी? 'धेली' तो रात को, बहन केसरो, तेरी भी वैसी ही टूटती है, जैसे मेरी !" फिर धन्नो ने गाँव की एक-एक औरत का दबा-ढँका खोल दिया था—"आये तो सही लम्बड़ों की ईशरो मेरे सामने, जिसके बूढ़े खसम से उसकी 'धेली' नहीं टूटती तो वह साँड जैसे देवर से 'धेली' तुड़वाती है और चीमियों की बलवन्तो किसे भूली हुई है जो कै करती हुई डोली में से उतरी थी और सात महीनों में लड़का जन धरा ! और बड़ैयों की करतारो, जिसने चार बरसों से मर्द का मुँह नहीं देखा था और मेथी के बीज काढ़-काढ़ पीती थी !....."

और धन्नो को औरतें कजैल नहीं लगीं थी। उसने उनकी अछूती कुँवारियों के नाम गिन दिये थे, "तू बड़ी सयानी है। अपनी छल्लो को संभाल, जो सन्धुओं के जगतारे से 'धेली' तुड़वाने को फिरती है और तू

धरमात्मन ! पहाड़ जितनी बीरो का तू ब्याह-बरौठी क्यों नहीं करती जो गुरुद्वारे के भाई से कन्धा घिसाती है? .....और......और"

गाँव की औरतें त्राहि-त्राहि कर उठी थीं और फिर कभी कोई धन्ना के मुँह पर नहीं बोली थी। वैसे भी उन्हें धन्नो से गरज रहती थी। लड़के या लड़कियों के गले पड़ जाते—वे सौ बनफ्शे और सौंफ उबालकर पिलातीं, पर महीना-महीना बच्चों के गले पड़े रहते। बच्चों के गले में से ग्रास न लँघता, हलहलाकर बुखार चढ़ जाते और औरतें हारकर उँगली पकड़े धन्नो के दरवाज़े जातीं—"ले, रे, मौसी को कह तेरा गला मले ! और धन्नो गरम घी में एक अँगूठा और एक उँगली डुबोकर जिस बच्चे का गला मलती वह दूसरे दिन भला-चंगा हो जाता।"

"गले मदाना भले !" धन्नो हँसकर जब कहती तो पता लगता था कि धन्नो खत्री मदानों के जनमी-पली थी। वैसे न किसी ने उसके माँ-बाप को देखा था न कोई सगा-सम्बन्धी।

सिर्फ दन्तकथा थी कि धन्नो खाते-पीते घर की बेटी थी। उसको जवानी बाढ़ की तरह चढ़ी थी और उस उम्र में उसने किसी से दिल लगा लिया था। पर उसके माँ-बाप के घर से भगाकर ले आने वाला कोई वैली पट्ठा था, जो दस-बीस दिन उसके साथ खा-खेलकर उसे कहीं बेचने को फिर रहा था, कि धन्नो ने उसे मुँह फाड़कर कह दिया था, "जो पल्ले में बँधी 'धेली' तुड़वाकर ही रोटी खानी है, तो जाती बार तेरी जेब क्यों भरकर जाऊँ....?" और वह दबंग होकर उसे पैर के काँटे की तरह निकाल आयी थी। सो न उसके जनने वाले उसके रहे थे, न उसको लाने वाला।

और फिर कहते हैं कि किसी गाँव के ज़मींदार ने उस पर रीझकर उसे अपने घर बैठा लिया, पर उसके बेटों ने जब घर में डण्डा खड़काया तो उसने बेटों से चोरी-छिपे दूर गाँव में दो बीघे ज़मीन खरीद कर उसके नाम लिखवा दी थी और उसे एक अलग घर छतवा दिया था। जब तक जीता रहा उसकी ख़ैर-ख़बर लेता रहा पर अब वह भी, मुद्दत हुई, मर गया था और धन्नो छड़ी-छाँटी अपने बूते पर जी रही थी।

वैसे चाहे वह अपने मुँह से कह लेती थी, "काहे की चिन्ता है, बेबे ! 'धेली' पल्ले बाँध रखी है, कमी-बेशी आयी तो तुड़वा लूँगी।" पर एक बार एक मूँछ-फूटते ने जब धन्नो की बाँह पर चिकोटी भरकर कहा था, 'धेली' तो दिखा, कितनी खरी है ! तो धन्नो ने उसके गले के कण्ठों

को हाथ में पकड़कर कहा था, "चल दिखाऊँ—तेरी माँ के घाघरे में है !....."

और उसके बाद गाँव के किसी भी मर्द की क्या मजाल जो धन्नो को आँख उठाकर देख जाए।

अब उम्र चाहे ढल रही थी, पर उसकी नाक की लौंग अब भी उसके स्वभाव की तरह चमक मार रही थी। आँखों के सामने खतों में हल चलवाती थी और खत्रानी होकर भी जाटनियों की-सी अकड़ में जीती थी।

एक बार धन्नो को मियादी बुख़ार आ गया। वैसे इक्कीसवें दिन टूट गया था, पर धन्नो का अपनी उम्र पर से भरोसा उठ गया था। वह एक दिन पास के शहर गयी और अपनी ज़मीन का काग़ज-पत्र ले गयी। बात उड़ गयी कि धन्नो ने अपनी ज़मीन की वसीयत कर दी है।

"अरी, किसके नाम लिखी है?" गाँव की औरतें आपस में खुसर-पुसर करतीं, पर धन्नो से कुछ भी पूछने का उनमें जिगरा न था।

एक दिन गाँव की एक लड़की सेमो को कुछ जिगरा हुआ। पिछले दिनों एक शाम को सेमो खेत से लौट रही थी कि नम्बरदार का नशे में चूर बेटा उसको राह में घेरकर खड़ा हो गया था। उधर कहीं धन्नो भी गुजर रही थी कि सेमो ने उसे देखकर ज़ोर से आवाज दी थी—"मौसी धन्नो !" धन्नो छाती तानकर जा पहुँची थी, और लड़की अछूती घर पहुँच गयी थी।

सेमो ने उसी दिन के दावे पर एक दिन धन्नो से पूछा—"अरी मौसी ! सुना है तूने अपनी ज़मीन किसी के नाम कर दी है।"

धन्नो खीझ गयी, "अरी भानजी, तुझे मौसी की याद आ गयी ! तेरी माँ और मैं जुड़वाँ जनमी थीं, तभी मैं तेरी मौसी लगी ना....!"

और सेमो के मुँह की हवाइयाँ उड़ गयीं। वह हकला-सी गयी और कहने लगी—"गुस्सा क्यों करती है, मौसी ! लोग कहते हैं भई कि तूने अपनी ज़मीन गुरुद्वारे को दान दे दी है। मैंने तो सीधे-सुभा पूछा था। वैसे तो तूने नेक काम किया है।"

धन्नो आग-बबूला हो गयी, "गुरुद्वारे का भाई मुसटण्डा पहले ही बहुतेरे हलवे खाता है—उसके हलवे-पूरी के लिए तुम्हारी माँएँ जो हैं। यह तुम्हारी मौसी ऐसे नेक काम नहीं करती।"

और सेमो कान लपेटकर चली गयी थी और फिर धन्नों से कुछ पूछने

का किसी का हिया न हुआ।

धन्नो ने जैसे अपनी किस्मत बूझ ली थी, शायद अपनी उम्र के दिन भी बूझ लिये थे। उसे कुछ दिन बाद फिर मियादी बुख़ार चढ़ आया। इस बार सारे गांव को उसके बचने की आशा न रही।

एक दिन गांव की एक सयानी औरत ने हिम्मत बटोरी। इस औरत को सारे गाँव वाले जीवी भगतानी कहते थे। छोटी उम्र में विधवा हो गयी थी और बड़े जत-सत से जीती थी। उस पर अभी तक किसी ने उँगली नहीं रखी थी।

यह जीवी भगतानी जब धन्नो की ख़बर लेने आयी, तो धीरे से धन्नो से कहने लगी, "जो गुजरी सो गुज़री, धन्नो ! अब आख़िरी वक्त पछतावा कर ले, तो भी कुछ नहीं बिगड़ा। कहते हैं, जिसने कहा था राम का नाम नहीं लेना, उसके मुँह से 'मरा-मरा' कहाकर अगलों ने उसे परमात्मा से बख़्शा लिया...."

धन्नो मरती-मरती भी हँस पड़ी। कहने लगी, "भगतानी, क्यों मेरी चिन्ता करती है ! धर्मराज को हिसाब देना है, दे लूँगी। यह 'धेली' जो पल्ले बाँधी हुई है—धर्मराज से कहूँगी ले तुड़वा ले और हिसाब चुकता कर !"

और जीवी भगतानी कानों में उँगलियाँ देती धन्नो के पास से लौट आयी थी।

और फिर दूसरी दोपहर को धन्नो मर गयी।

धन्नो के चौथे के बाद जब गाँव के लोगों ने उसका सन्दूक खोला, उसमें से उसकी वसीयत का काग़ज मिला। धन्नो ने अपनी ज़मीन गाँव की पाठशाला के नाम कर दी थी, और लिखा हुआ था, 'मेरी एक ही चाह है कि चार अक्षर लड़कियों के पेट में पड़ जाएँ, तो उनकी ज़िन्दगी ख्वार न हो।'

●